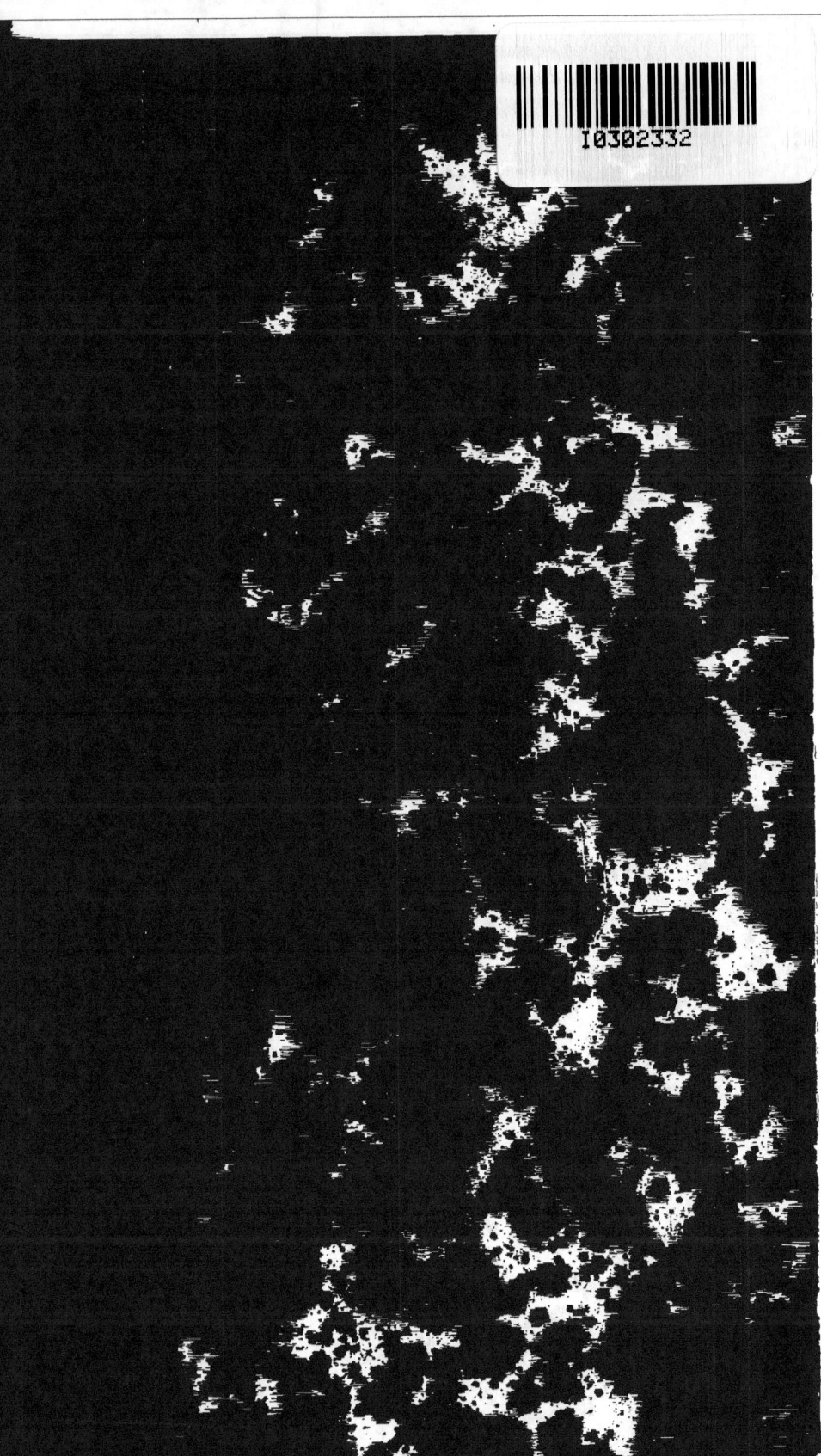

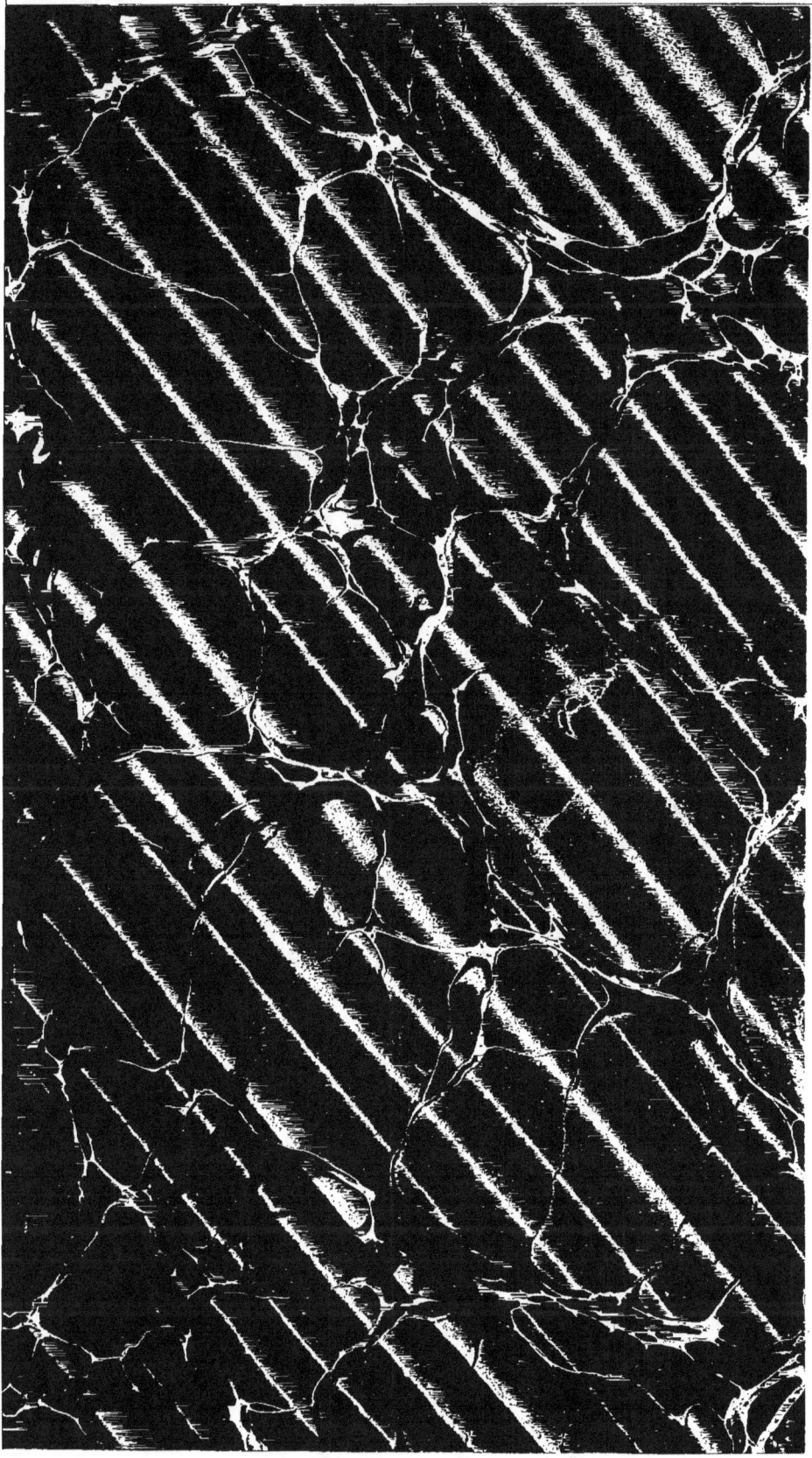

HISTOIRE
DE LA
GUERRE DE LA PÉNINSULE
SOUS NAPOLÉON
PRÉCÉDÉE
D'UN TABLEAU POLITIQUE ET MILITAIRE
DES PUISSANCES BELLIGÉRANTES.

*

TOME II.

J. TASTU, IMPRIMEUR ET ÉDITEUR,
RUE DE VAUGIRARD, N. 36.

HISTOIRE
DE
LA GUERRE
DE LA PÉNINSULE

SOUS NAPOLÉON,

PRÉCÉDÉE D'UN

TABLEAU POLITIQUE ET MILITAIRE
DES PUISSANCES BELLIGÉRANTES

PAR

LE GÉNÉRAL FOY.

PUBLIÉS PAR
Mme LA COMTESSE FOY.

. . . . Quæque ipse miserrima vidi.
Virg.

PARIS
BAUDOUIN·FRÈRES, ÉDITEURS,
RUE DE VAUGIRARD, N. 17.

*

1827

TABLEAU

POLITIQUE ET MILITAIRE

DES

PUISSANCES BELLIGÉRANTES.

LIVRE TROISIÈME.

PORTUGAL.

SOMMAIRE.

Notions générales sur le Portugal. — Incorporation du Portugal dans la monarchie espagnole. — Affranchissement du Portugal. — Guerre de la succession d'Espagne. — Conséquences du traité de Méthuen. — Organisation politique du Portugal. — Administration de Pombal. — Formation de l'armée par le comte de Lippe. — Gouvernement de la reine Marie. — Guerre avec la république française. — Gouvernement du prince du Brésil. — Négociations avec le Directoire exécutif de France. — Influence exclusive de l'Angleterre sur le Portugal. — Établissement militaire. — Administration de l'armée. — Relation du Portugal avec l'Espagne et la France. — Le prince du Brésil déclaré régent du royaume. — Guerre de 1801. — Traité de paix de Badajoz entre le Portugal et l'Espagne. — Traité de paix de Madrid entre le Portugal et la France. — Projet de translation de la cour de Lisbonne au Brésil. — Neutralité du Portugal après la rupture du traité d'Amiens. — Maladie du prince régent. — Arrivée d'une flotte anglaise à l'embouchure du Tage. — Apathie du gouvernement portugais.

LIVRE TROISIÈME.

PORTUGAL.

Ainsi qu'une chaloupe est entraînée dans le sillon du vaisseau qui la remorque, ainsi, depuis un siècle, le Portugal marche à la suite de l'Angleterre; et cependant, s'il existe dans le monde civilisé deux peuples opposés de constitution physique, de couleur, de caractère, de préjugés, d'humeur, c'est le peuple anglais et le peuple portugais.

Le Portugal était appelé Lusitanie par les Romains, et formait une portion de l'Ibérie. Il s'étend parallèlement à la côte occidentale de la Péninsule sur une longueur de cent trente lieues nord et sud, et sur une largeur de trente à soixante. Sa surface est à peu près le cinquième de celle de l'Espagne. Sa population est proportionnellement plus considérable ; d'après des états dressés récemment et avec soin, elle passe deux millions huit cent mille âmes. On ne comprend pas, dans cette évaluation, les habitans des possessions ultra-marines, qui sont au nombre de douze cent mille.

Au douzième siècle, lorsque des armées de nationaux et d'aventuriers reconquéraient pied à pied la terre espagnole long-temps foulée par les Maures, le Portugal se trouva former une monarchie particulière, comme la Castille, la Navarre et l'Arragon. Ses princes étaient d'origine française, appartenant à la première maison de Bourgogne, fondée par un petit-fils de Hugues Capet. Plusieurs d'entre eux furent diligens et habiles. Ils combattirent les Maures et les Castillans, à la tête de leurs sujets. Après les dangers courus en commun par les rois et par les peuples pour une défense légitime, il revient toujours aux uns de la renommée, et aux autres quelque amélioration dans leur état social ; la nation portugaise prospéra. Ayant pris son principal accroissement près de l'embouchure de deux grands fleuves, le Duero et le Tage, elle dut porter son activité du côté de la mer. Un gouvernement qu'on appellera modéré, si on le compare aux gouvernemens contemporains du reste de la Péninsule, attira par intervalles [1] les industries et les capitaux

---

[1] Lorsque les juifs furent chassés d'Espagne par Ferdinand et Isabelle, en l'année 1482, le roi de Portugal, Emmanuel, les reçut dans ses états, en se contentant de leur défendre l'exercice public de leur religion. Il en vint plus de trente mille familles. Elles payèrent huit écus de capitation par tête et jetèrent de gros capitaux dans le commerce. Mais alors, l'esprit des peuples, comme l'esprit des rois, était tourné vers l'intolérance et la persécution. Le gouvernement portugais proscrivit les juifs en masse, quatorze ans après leur avoir donné asile. Ceux qui ne sortirent pas du royaume dans un délai déterminé furent mis en esclavage, et on leur enleva leurs enfans pour les élever dans la religion catholique. En 1506, deux mille juifs furent massacrés par la populace de Lisbonne. En 1540, l'inquisition, introduite par le fanatique Jean III, commença à brûler vifs ceux qu'on surprenait judaïsant. Malgré ce traitement barbare, près d'un tiers de l'émigration juive est

que l'intolérance repoussait des autres royaumes. Le Portugal couvrit l'Océan de ses flottes, soumit à ses lois les rivages de l'Inde, et les plus belles portions de l'Amérique méri-

resté en Portugal. Les uns, devenus chrétiens, se sont mêlés dans la population au point qu'on retrouve les traits caractéristiques de leur physionomie jusque sur le visage des personnes de la plus haute naissance. Les autres feignant de se convertir ont formé comme une nation éparse au milieu de la nation. On en rencontre partout le royaume et surtout dans les montagnes de la Beira, où ils sont connus sous le nom de chrétiens nouveaux, *christaos novos*, par opposition aux premiers habitans qui s'attribuent le titre de *christaos velhos*.

Le marquis de Pombal a fait rendre un édit qui supprime toute distinction entre les vieux chrétiens et les nouveaux. Ces derniers, quoique baptisés et soumis extérieurement à la discipline de l'église catholique, conservent encore dans les familles quelques rites de la religion de Moïse, comme, par exemple, d'immoler un agneau le jour de Pâques. On les reconnaît aussi à leur propension au brocantage et à la contrebande. Depuis l'édit de Pombal, on voit des chrétiens nouveaux dans tous les emplois, et plusieurs sont décorés de l'ordre du Christ, le premier ordre de chevalerie du royaume.

dionale. Lisbonne prit, au milieu du monde agrandi par Christophe Colomb et par Vasco de Gama, la place que Constantinople avait tenue sur l'ancien continent. Et comme toutes les facultés de l'esprit humain marchent de front, peu de temps après qu'une peuplade européenne eut fait adopter sa langue aux habitans des contrées où s'arrêtèrent les conquêtes d'Alexandre, cette langue ennoblie par la victoire produisit un poëme épique, antique dans sa forme et national dans son sujet. Le Camoëns est le poëte de la patrie et de la gloire. Sa Lusiade fait sentir à l'âme, avec la magnificence de l'Iliade, quelque chose des charmes de l'Odyssée.

Le Portugal s'éleva à cette hauteur, grâce à d'excellentes institutions dont quelques-unes sont encore en vigueur, au temps où nous écrivons. Soldats en naissant, les hommes de ce pays demeurent, jusqu'à l'âge de soixante ans, soumis à l'obligation du service militaire pour la défense de leurs foyers. La population mâle est répartie de tout temps dans des compagnies de deux cent cinquante hommes dites d'ordonnances, *ordenances*, qui ont chacune un capitaine, un enseigne, un sergent, un officier de justice, *meirinho*, un clerc et dix caporaux. Le capitaine est tenu de remettre à l'enseigne, toutes les fois que la compagnie se rassemble, un drapeau aux couleurs nationales bleue et rouge, et de se faire suivre par un de ses domestiques auquel il a dû faire apprendre le métier de tambour. Ceux qui ont le moyen d'avoir un cheval, forment des corps d'ordonnances montés. Les compagnies du même arrondissement reçoivent les ordres d'un chef, le capitaine mor, *capitão mor*, qui les passe en revue au moins deux fois l'an. Le seigneur féodal, quand il réside sur les lieux, est capitaine mor de droit. Un autre, à son défaut, est nommé par le roi, qui choisit toujours parmi les gros tenanciers du canton. Le capitaine mor, le major, *sargento mor*, son second et les capitaines de compagnies, prêtent devant le magistrat principal, *corregidor da comarca,* le serment de maintenir la population en armes ; de combattre à sa tête ; d'obéir aux ordres du prince ; de respecter les lois, et de n'employer dans aucun cas les ordonnances à d'autres services qu'a celui du souverain. En raison de la liberté de la chasse, et du voisinage des ports de mer, beaucoup de paysans sont fournis de fusil et de poudre. Les autres ont de longs bâtons à l'extrémité desquels est emmanchée une baïonnette, ou au moins un morceau de fer pointu. Le *chuco*, c'est le nom qu'on donne à cette espèce de pique, est regardé en Portugal comme un meuble de ménage.

Un pareil système de défense, fondé sur l'emploi de la population armée, s'adapte parfaitement à la nature du pays. Ce ne sont partout que montagnes escarpées à travers lesquelles on s'est bien gardé de pratiquer des communications. Les rivières n'ont pas de pont. Des donjons gothiques ou moresques sont perchés sur les pointes des rochers. Les moindres bourgades, *villa*, sont entourées de murailles.

Les lauriers qui ombragent le berceau de la monarchie, furent cueillis par les hommes d'armes de la féodalité, et par les compagnies d'ordonnances. On leva, pour les expéditions lointaines, des corps de volontaires. Dès la fin du quinzième siècle, il y eut des milices permanentes. D'après l'axiome, que tout Portugais se doit, corps et biens, à la patrie, l'armée se recruta par la voie du sort, et il ne fut permis à aucun étranger de se mêler dans les rangs des soldats.

La prospérité du Portugal devait avoir un terme. Un jour le roi don Sébastien, jeune et téméraire, passa la mer à la tête d'une armée, levée à grands frais. Il s'était mis en mouvement pour jeter en bas du trône un empereur de Maroc, et installer un autre en sa place. Les Musulmans attendirent les Portugais dans les sables d'Alcazarquivir, à peu de distance du port de Larache. Le 4 août 1574, la bataille fut livrée. Le roi, sa noblesse, ses soldats, périrent, et avec eux les gloires portugaises dans les quatre parties de l'univers[1]. Il y a trente ans, on avait peine à croire ces calamités monstrueuses qui font descendre un état au tombeau, dans l'espace de quelques heures; nous autres hommes du dix-neuvième

---

[1] Le roi don Sébastien est le messie des Portugais. Ils ont cru long-temps que ce prince, tué à la bataille d'Alcazarquivir, en Afrique, à l'âge de vingt-quatre ans, vivait toujours. Ils l'ont attendu pendant plus de soixante ans, et quelques-uns l'attendent encore aujourd'hui. Cette opinion bizarre a sa source dans l'obscurité des circonstances qui ont accompagné la mort du roi, et surtout dans les malheurs qui ont accablé le pays par suite du désastre d'Alcazar. Les partisans de l'indépendance étaient intéressés à faire regarder la domination espagnole comme un état provisoire, et à montrer dans l'avenir un vengeur à la nation outragée. Ils y réussirent si bien, qu'on vit souvent dans les premières années du dix-septième siècle des sébastianistes prêter des sommes d'argent sous la condition qu'on leur paierait le double ou le triple, quand le roi Sébastien viendrait à reparaître.

siècle, nous avons appris, par de fatales expériences, à être moins incrédules.

Lors du désastre d'Alcazar, toutes les couronnes des Espagnes étaient réunies sur la tête de l'arrière petit-fils de Ferdinand et d'Isabelle, et Philippe II possédait en outre le riche héritage de la maison de Bourgogne et la meilleure partie de l'Italie. Après les deux années du règne transitoire du cardinal Henri, grand-oncle et successeur de don Sébastien, Philippe réclama le trône des Bragance, en vertu de droits que le fameux duc d'Albe et quarante mille soldats furent chargés de faire valoir. Le Portugal vint se perdre dans la grande monarchie. Les troupes espagnoles occupèrent les places et les châteaux. On épuisa l'arsenal de Lisbonne d'artillerie et de munitions. Il n'y eut plus ni commerce, ni arts, ni marine. L'or de l'Inde et du Brésil s'écoula vers Madrid. L'esprit d'entreprise s'éteignit. La population diminua. Ce qui restait de liberté s'abîma dans le naufrage de l'indépendance nationale. La littérature même, qui réchauffait les cœurs des citoyens, et à laquelle un certain degré d'emphase n'était pas messéante, lorsqu'elle avait à dire les hauts faits des héros, la littérature perdit sa couleur et sa force. Comment l'empire espagnol, prêt à tomber en lambeaux, aurait-il préservé d'une prompte décadence une province alors sujette et naguère ennemie?

Cependant les souvenirs de la patrie vivaient encore dans quelques âmes généreuses. Après soixante années d'oppression et de honte, les Portugais secouèrent le joug de l'étranger. Dans la glorieuse conspiration de 1640, plusieurs voix s'élevèrent pour proposer la fondation d'une république. Cette proposition venait deux siècles trop tôt. On chercha un roi dans la dynastie nationale. Il était le monarque légitime, celui qu'appelaient au trône les vœux unanimes des sujets.

On n'avait plus d'armée, et il fallait combattre contre les anciens maîtres. On rassembla à la hâte de l'infanterie mal entretenue, mal payée, qui néanmoins se battait bien; mais elle était sujette à se débander après la bataille[1] ou à la fin de la campagne. La cavalerie, composée de cuirassiers et de chevau-légers, montrait de l'ardeur; ce qui manquait, c'était l'ordre et l'instruction. Les troupes marchaient et campaient à la manière des Turcs. Certains officiers-généraux réglaient les manœuvres de guerre sur des horoscopes tirés de l'astrologie judiciaire, et les soldats avaient moins de confiance dans les talens de leurs chefs que dans la puissante intercession de saint Antoine de

---

[1] En 1659 les Portugais, commandés par D. Antonio de Meneza, marquis de Marialva, gagnèrent près d'Elvas une grande bataille sur les Espagnols, commandés par D. Louis de Haro, le favori de Philippe IV. Le lendemain de la bataille, le général portugais se disposait à poursuivre l'ennemi, son armée avait disparu. Il n'y avait plus ni amis ni ennemis.

Padoue, généralissime né des forces portugaises [1].

On eut recours à des officiers étrangers. Il

---

[1] L'armée portugaise reconnaît pour son généralissime et patron le grand saint Antoine de Lisbonne, appelé faussement et abusivement, hors du Portugal, saint Antoine de Padoue. Il n'avait pas fait la guerre de son vivant; on voulut qu'il portât les armes après sa mort. En conséquence, le 24 janvier 1668, don Pèdre II, alors régent du royaume, ordonna que saint Antoine fût enrôlé comme simple soldat dans le régiment de Lagos (deuxième d'infanterie.) En Portugal, chaque homme entrant au service a un répondant qui s'engage à faire remplacer le soldat sous les drapeaux s'il venait à déserter. La sainte Vierge fut portée pour caution de saint Antoine. Le nouvel enrôlé ne mérita jamais d'être fustigé, ni même emprisonné; tout au contraire il donna des preuves continuelles de sagesse et de sainteté, si bien que, le 12 septembre 1683, il fut promu au grade de capitaine, toujours dans le même régiment.

Pendant la guerre de la succession d'Espagne saint Antoine prouva par maints miracles qu'il méritait l'avancement qu'on lui avait donné. Un jour, entre autres, le régiment de Lagos devait aller d'Olivença à Jerumenha. Les Espagnols de la garnison de Badajoz

en vint de l'Angleterre et surtout de la France. Frédéric comte de Schomberg, le disciple et l'ami de Turenne, gagna sur les Espagnols les batailles d'Ameixial et de Montes-Claros, qui sauvèrent le royaume. Il apprit aux Portugais à élever des retranchemens, à camper en ligne et à faire des marches de flanc sur une ou plusieurs colonnes, afin de se former promp-

en furent informés et ils s'embusquèrent près de Mérinillas pour attaquer les Portugais pendant la marche. Cependant ceux-ci arrivèrent à Jerumenha sans coup férir. Ce qui au reste n'étonna personne, lorsqu'on sut que saint Antoine avait été vu pendant la route marchant à pied en tête du premier peloton.

Le fait passa pour certain pendant le règne de Jean V. Sous l'administration de Pombal on commença à en douter. Toutefois le saint conserva son emploi. A l'avénement de la reine Marie, le colonel du régiment de Lagos exposa, dans un mémoire appuyé de pièces justificatives, que saint Antoine était le plus ancien capitaine, non-seulement du corps, mais même de toute l'armée, et en effet il avait alors quatre-vingt-dix ans de grade. Après de si longs services, le moins qu'on pût lui accorder était de le nommer major; on fit mieux : par décret royal du mois de janvier 1780,

tement en bataille par un à droite ou un à gauche ; ses manières et ses doctrines eurent un succès complet dans le pays.

Schomberg pensait que des asiles de sûreté étaient nécessaires à un état qui devait mettre plus de confiance dans le courage et la vertu de ses concitoyens, que dans la science et la

---

saint Antoine de Padoue eut la patente d'officier-général.

Cette promotion a été purement honorifique. Le général est demeuré inscrit sur les contrôles du régiment de Lagos comme capitaine, et on a continué a recevoir en son nom la solde annuelle de trois cent mille reis (environ dix-neuf cents fr.), telle que l'avait fixée le roi don Pèdre II. Cette somme était employée à parer sa chapelle et à défrayer sa fête.

Après l'invasion du Portugal par les Français en 1807, le général Junot s'est fait représenter les brevets, commissions et état de service de saint Antoine. Il n'a pas voulu être moins généreux envers lui que ne l'avaient été les rois de Portugal ; la solde du vieux capitaine de Lagos a été payée exactement entre les mains du colonel, jusqu'au moment où, par la nouvelle organisation de l'armée portugaise, le régiment a cessé d'exister.

discipline de son armée. Il releva nombre de tours défensives dites Atalaya [1] qui tombaient en ruine. C'est à son influence que sont dues les forteresses dont est semé l'Alemetejo [2], la moins impénétrable des provinces de Portugal. Des ingénieurs français, tels que Nicolas

---

[1] *Atalaya* est un ancien mot arabe qui signifie *vedette*. Les Portugais et les Espagnols l'ont conservé pour désigner des tours placées ordinairement sur les points élevés, desquels on peut observer ce qui se passe dans une grande étendue de pays. La frontière du Portugal est bornée d'*Atalayas*. Ce sont des tours crénelées dont la maçonnerie est épaisse et solide. Elles n'ont point de porte. On y entre au moyen d'une échelle que retirent ensuite ceux qui sont dedans. Du temps de Schomberg, chaque *Atalaya* avait sa garnison de quinze ou vingt hommes. Un gros canon en batterie sur la plate-forme servait à défendre le poste et aussi à avertir les habitans du pays de l'approche de l'ennemi. Don Juan d'Autriche, fils naturel de Philippe IV, était dans l'habitude de faire pendre les commandans des atalayas portugais qui osaient résister à son armée.

[2] Pays au-delà du Tage, des deux mots *alem*, au-delà, et *Tejo*, Tage.

de Langres, et le parisien Alain Mannesson-Malet [1], construisirent ou augmentèrent le corps de place et les ouvrages extérieurs d'Evora, de Jerumenha, d'Arronches, d'Estremos, d'Olivença, de Setubal. Un fortificateur infatigable avait même commencé, autour de Lisbonne, une enceinte qui, seulement du côté de terre, aurait eu trente bastions. Il en est resté quelques massifs à l'extrémité ouest de la ville.

La guerre de l'Acclamation (c'est ainsi qu'on appelle en Portugal la guerre entreprise après la révolution de 1640), a duré vingt-sept ans. La précieuse organisation des ordonnances avait traversé intacte le joug des Espagnols; et, pendant vingt-sept campagnes, les paysans de la frontière se battirent plus souvent et plus chaudement que l'armée du roi. Malgré leurs

---

[1] Alain Mannesson-Mallet avait le titre d'ingénieur des camps et armées du roi de Portugal et de sergent major d'artillerie dans la province d'Alemtejo. Il a écrit un traité de fortification intitulé : *Les Travaux de Mars.*

efforts, et toute délabrée qu'était la monarchie de Philippe IV, les conseils de ce prince n'eussent jamais, sans l'intervention de la France et de l'Angleterre, consenti à traiter avec ceux qu'ils appelaient de misérables révoltés.

Par le traité signé à Lisbonne, en 1668, l'Espagne reconnut l'indépendance du Portugal; mais ce royaume, en reprenant place parmi les puissances, ne recouvra pas sa première splendeur. Son empire colonial était réduit à de petites îles de l'Atlantique, à quelques comptoirs sur les côtes d'Afrique et d'Asie, et au Brésil, possession immense et productive, mais disputée par les Hollandais. Le Portugal d'Europe était épuisé d'hommes et d'argent. Don Pèdre II, qui gouvernait l'État pendant la maladie du roi Alphonse VI, son frère, ne conserva sur pied que cinq mille hommes de troupes de ligne, dont moitié de cavalerie, et un corps de dix mille hommes de milice, lesquels faisaient service pendant trois mois de l'été seulement, et retournaient ensuite dans leurs foyers.

Le Portugal devait continuer à chercher au dehors des appuis contre l'ambition de l'Espagne. Il eut long-temps la bonne fortune de conserver à la fois l'amitié de la France et de l'Angleterre, tandis que ces deux puissances auxquelles il devait une reconnaissance égale, étaient presque toujours aux prises l'une avec l'autre. Au commencement du dix-huitième siècle, les débats pour la succession de Charles II allumèrent une guerre générale. La cour de Lisbonne se trouvait trop près du foyer de la querelle pour pouvoir rester neutre. Par inclination, ce n'est pas en faveur de l'Angleterre que les Portugais se fussent déclarés; mais l'alliance de la plus grande puissance maritime leur était nécessaire à cause de leurs colonies. D'ailleurs, l'établissement de la maison de Bourbon sur le trône de Madrid dérangeait l'équilibre de l'Europe, et dénaturait les rapports du Portugal avec la France. Après deux années d'hésitation, le roi Don Pédro II adhéra à la coalition contre Louis XIV. Il conclut en 1703, avec l'Angleterre, le traité de Méthuen, ainsi appelé du nom de l'un des deux négociateurs [1] qui l'ont signé.

Sur le point de faire campagne, l'armée portugaise n'avait conservé ni esprit militaire, ni discipline. Mais la nation fut fidèle à ses antiques habitudes. Lorsque Philippe V entra dans la Beyra, en 1704, à la tête des armées de France et d'Espagne, et menant avec lui le maréchal de Berwick pour les commander, la province entière prit les armes. Les troupes de ligne paraissaient peuple parce qu'elles n'avaient pas l'ensemble que donne une bonne organisation, et les paysans ressemblaient à des soldats, tant ils montraient d'ardeur martiale! Les places où il y avait des garnisons

---

[1] Sir John Méthuen, ambassadeur extraordinaire d'Angleterre à Lisbonne.

se rendirent presque toutes à la première sommation, et les gouverneurs de quelques-unes demandèrent excuse pour s'être permis de tirer le canon, *ne sachant pas la présence du roi d'Espagne, envers qui ils n'avaient garde de manquer de respect.* Ce sont les propres expressions, rapportées dans les mémoires de Berwick [1], et le maréchal témoigne sa surprise de ce que des endroits qui pouvaient faire quelque résistance s'étaient soumis avec tant de facilité, tandis que les bourgs, les villages et tous les lieux ouverts par où l'armée passa, se défendirent à outrance, et ne craignirent pas, en tenant cette honorable conduite, d'attirer sur eux le fer et la flamme.

L'énergie du peuple, et l'arrivée des troupes anglaises et hollandaises, sauvèrent le Portugal ; les ennemis s'en allèrent après avoir démantelé plusieurs forteresses de la rive droite

---

[1] Voyez les *Mémoires du maréchal de Berwick* (édit. de Paris, t. 1er., p. 237 et 238).

du Tage. Pendant les autres campagnes, l'armée française et espagnole, attaquée en même temps aux deux extrémités de la péninsule, fut hors d'état de résister partout avec un égal succès à ses nombreux ennemis. Deux fois les *quinas* portugaises [1] allèrent venger, dans Madrid, le long outrage qu'elles avaient reçu du drapeau castillan, lorsqu'il avait flotté pendant soixante années sur les tours de Lisbonne.

Cet éclat momentané n'était pas produit par l'énergie du gouvernement. On n'employa jamais plus de trente mille hommes de troupes de ligne, et elles étaient d'une misérable espèce. Alors, comme au temps des campagnes de l'Acclamation, la guerre la plus opiniâtre se fit entre les habitans limitrophes des royaumes de Portugal et d'Espagne.

---

[1] On appelle *quinas* les cinq écussons chargés de cinq besans d'argent qui figurent dans les armoiries du Portugal. Voyez, pour l'origine de ces armoiries, une note du livre premier.

Le traité de Méthuen avait été fait pour la paix comme pour la guerre. Il ne renferme que deux articles. Par l'un, le Portugal consent à admettre les tissus de laine de l'Angleterre ; par l'autre, la Grande-Bretagne s'engage à diminuer d'un tiers, pour les vins de Portugal, le droit de douane qu'elle met ou mettra sur les vins des autres pays. De cette stipulation, en apparence réciproque, est né le régime économique sous lequel a vécu pendant un siècle, et vit encore le Portugal. Il fut impossible aux manufactures du pays, qui commençaient à sortir de l'enfance, de soutenir la concurrence d'une industrie déjà avancée. Les Anglais prirent le soin d'habiller les Portugais avec leurs draps, leurs toiles et leurs cuirs, de leur apporter les blés du nord, les poissons salés et la morue de Terre-Neuve, qui, avec les olives, sont la base de la nourriture des classes inférieures, et de fournir exclusivement aux classes aisées les superfluités du luxe. Ils reçurent en échange quelques denrées du pays, telles que le vin de Porto et les oranges, et dans une proportion beaucoup plus forte, le coton, les bois rares, les paillettes d'or, et, d'autres productions du Brésil. Ce fut un axiome religieux et politique que le travail ne convenait pas aux riches, et qu'il fallait s'en tenir au partage que Dieu a voulu faire de ses bienfaits, entre les peuples, en donnant aux uns l'industrie, aux autres les métaux précieux. Les Portugais ne virent pas que des trésors enterrés à deux mille lieues de chez eux, pouvaient leur échapper un jour. Le royaume, en même temps qu'il tombait politiquement sous le servage de l'Angleterre, se faisait pour les relations commerciales l'esclave de sa propre colonie.

Il y eut alors dans la même nation comme deux populations séparées de position et d'intérêt, savoir : la population des campagnes négligée, diminuée, appauvrie, et une population croissant en nombre et en richesse dans deux villes heureusement situées, où s'accumulèrent le profit du commerce et de l'exploitation des colonies. Lisbonne et Porto furent les complices de l'Angleterre dans la ruine de l'ouvrier et du laboureur. Lisbonne, surtout, en raison de son énorme population, de près de trois cent mille âmes, appartient moins au Portugal d'Europe qu'au système commercial et colonial de l'empire portugais. Aussi serait-ce en pure perte qu'un ennemi victorieux terrasserait, ravagerait, maîtriserait les provinces. Tant que la capitale ne sera pas prise, ce qu'on aura fait ne sera compté pour rien dans les négociations qui doivent conduire à un arrangement définitif.

La guerre de la succession d'Espagne fut suivie de cinquante années de paix, au bout desquelles survint dans l'exercice du pouvoir, un changement équivalant à une révolution. Bien que la féodalité eût été abattue depuis long-temps, que les assemblées nationales appelées *Cortès* fussent tombées en désuétude, et que les rois fusent devenus des souverains absolus[1], le gouvernement était sans cesse entravé

---

[1] La royauté en Portugal vient du peuple. On possède le contrat originel dressé dans les Cortez de Lamego entre le premier roi Alphonse Henriquez et la nation représentée par les prélats, les seigneurs et les procureurs des villes. D'autres Cortez ont placé successivement la couronne sur la tête de Jean Ier., de Philippe II, de Jean IV. Le roi ne pouvait sans leur concours, ni établir les impôts, ni faire la guerre. Don Pèdre II est le dernier qui ait convoqué ces assemblées. La liberté politique a péri sans secousse, parce que les exploits des Portugais dans le seizième siècle et leurs malheurs dans le dix-septième avaient rempli les âmes de deux passions exclusives, savoir, à la première époque, l'amour de la conquête, et à la seconde, le besoin de l'indépendance.

Le roi de Portugal se considère aujourd'hui comme souverain absolu de son état. Il fait administrer la justice, établit l'impôt, dispose des revenus publics et conclut les traités avec les autres puissances. On ne lui connaît pas de supérieur sur la terre. Les jurisconsultes l'appellent la loi vivante.

Le souverain exerce son autorité par l'intermédiaire de conseils et de tribunaux institués dans les temps anciens à mesure des besoins de la société, ou par le moyen de délégués spéciaux appelés secrétaires

dans sa marche par l'aristocratie et par les moines. Les fidalgues [1] (c'est le nom qu'on

d'état, chargés d'imprimer le mouvement à la machine du gouvernement. Ces derniers, quoiqu'étant de création nouvelle, ont absorbé presque tous les pouvoirs confiés auparavant aux grands corps de l'état. Ils ont même attenté à la majesté royale, en substituant habituellement à la volonté du prince leur propre volonté exprimée sous la forme d'avis, *avisos*, obligatoires pour toutes les classes de sujets.

Nous appelons, suivant l'usage européen, les secrétaires d'état ministres, quoique dans la Péninsule cette dénomination soit étendue aux magistrats de tous les degrés et aux fonctionnaires publics de tous les rangs.

Il y a quatre secrétaires d'état : l'intérieur, *secretario de estado dos negocios do reino*, auquel ressortissent l'intendance générale de police et les rapports avec la cour de Rome ; la marine et les colonies, *secretario de estado dos negocios da marinha, e dominios ultra marinas;* les affaires étrangères et la guerre, *secretario de estado dos negocios estrangeiros e da guerra;* les finances, *secretario de estado do repartição dos negocios da fazenda.*

Le conseil d'état est composé d'un petit nombre de personnages marquans. Le prince désigne, parmi les

[1] *Voyez* cette note page 41.

donne à la haute noblesse de Portugal), ressemblaient à ces anges rebelles de l'Écri-

conseillers d'état, ceux qu'il lui convient d'appeler aux conseils de cabinet, dans lesquels réside la pensée du gouvernement et auxquels assistent les ministres à portefeuille.

Il ne faut pas confondre les conseillers d'état avec les conseillers ordinaires. Ces derniers ont un simple titre qui ne donne pas entrée au cabinet et qui confère seulement à celui qu'on en décore quelques prérogatives d'étiquettes, entre autres celle de prendre la seigneurie *senhoria*, lorsque, pour d'autres motifs, il ne se fait pas appeler *excellence*. Sont de droit conseillers les évêques, les fidalgues, les officiers-généraux du grade de maréchal de camp et au-dessus, les membres des anciens conseils exécutifs et des hautes cours de justice, et les sénateurs municipaux de Lisbonne. Sont conseillers par faveur spéciale ceux à qui le prince accorde nominativement ce qu'on appelle les honneurs du conseil, *honores do conselho*.

Les actes législatifs sont promulgués sous le nom de *alvara*. Ils ont effet pendant un an, et lorsqu'on veut qu'ils durent davantage, on ajoute au mot *alvara* la formule *com força de ley*, avec force de loi. On appelle ordonnances *ordonaçoes*, la collection des règlemens rendus sur la matière.

ture qui, renversés des lieux hauts par la volonté du Tout-Puissant, se vengent de leur

Les actes du gouvernement paraissent sous la forme de décrets, *decretos reaes,* ou même de lettres, *cartas regias,* adressées aux individus qu'ils concernent.

Le Portugal est divisé en six provinces, savoir : entre Duero et Minho, qu'on appelle plus communément Minho, Tras-os-Montes, Beira, Estramadure, Alemtejo, et Algarves qui a le titre de royaume. Cette division est suivie pour la répartition des commandemens militaires. Un officier-général, dans chaque province, a sous ses ordres les troupes et les forteresses, et prend le titre de *governador das armas.* Le commandement du Minho est partagé en deux. Il y a pour l'arrondissement de Porto, *partido do Porto,* un gouverneur établi dans cette ville, et pour le reste de la province un autre qui réside à Vianna.

Dix-sept diocèses et quatre mille deux cents paroisses, *freguezias,* composent la circonscription ecclésiastique. Un patriarche, deux archevêques et quatorze évêques sont à la tête du clergé. Le patriarche de Lisbonne, malgré l'éclat de la dignité, n'exerce, comme les autres évêques, d'autorité que dans son diocèse. On compte dans le royaume quatre cent dix-huit couvens d'hommes et cent vingt-huit couvens de femmes. Les gens d'église ont leurs tribunaux particuliers. L'in-

chute en faisant du mal aux hommes. On chercherait en vain, chez la plupart d'entre

quisition est l'indépendance de la juridiction épiscopale ; son établissement consiste en un conseil de moines et de magistrats, *conselho geral do Santo-Officio*, présidé par l'inquisiteur général, et en trois tribunaux qui siégent à Lisbonne, à Coïmbre et à Evora.

La meza do desembargo do paço, littéralement *la table du débarras des affaires du palais*, est la cour suprême du Portugal. Elle a pris son nom de ce qu'elle s'assemblait autrefois dans le palais et sous la présidence du monarque. Ses membres sont appelés *désembargadores, débarrasseurs*; les autorités judiciaires lui sont subordonnés. *La desembargo do paço* présente à la nomination royale les membres des cours de justice et les autres magistrats lettrés, *magistrado de lettras*, c'est-à-dire ceux qui sont tenus de prendre leurs degrés en droit à l'université de Coïmbre. Il décide dans les cas de conflit de juridiction. Il partage avec le Saint-Office et les tribunaux épiscopaux la censure de la presse. Par lui sont enregistrés les confirmations, priviléges, lettres de grâce, etc..... Le grand chancelier, *chanceller mor* est le premier magistrat du *desembargo do paço* et du royaume. C'est lui qui appose le sceau de l'état sur les actes du pou-

eux, les vertus de leurs ancêtres : on a même peine à démêler des souvenirs historiques à

voir souverain, et s'il s'apercevait qu'ils continssent des clauses contraires aux droits du monarque et du peuples et aux coutumes de la monarchie, il serait de son devoir d'en référer au prince. Ce droit de remontrance est depuis long-temps une simple formalité.

La justice est administrée aux citoyens par deux cours, qui décident immédiatement sur certaines causes au civil et au criminel et par appel sur les sentences prononcées par des juges de première instance dont nous parlerons : la première cour connue sous le nom de *casa da supplicação*, siége à Lisbonne et embrasse dans son ressort les Algarves, l'Alentejo, l'Estramadure et une très-petite portion de la province de Beira. La seconde, appelée *relação do Porto*, siége à Porto. Sa juridiction s'étend sur le Minho, le Tras-os-Montes et la presque totalité de la Beira. On peut, dans certains cas, appeler de ses décisions à la *casa da supplicaçao*. Quoiqu'on enseigne le droit romain à Coïmbre, il est défendu d'en faire des citations devant les tribunaux ; et l'administration de la justice est réglé exclusivement par les lois du pays.

Les six provinces du Portugal sont divisées en quarante-quatre comarques. A la tête de chaque comarque est un corrégidor, en Portugais *corregedor*, mot

3.

travers les titres de cour sous lesquels sont ensevelis les beaux noms de Castro, de Pe-

qui vient du verbe latin *corrigere*. Le corrégidor est à la fois administrateur et juge. En cette dernière capacité, il forme à lui seul un tribunal qui décide en dernier ressort jusqu'à concurrence d'une certaine somme et d'une certaine peine. Il est tenu de faire chaque année la tournée de sa comarque. Il peut suspendre de leurs fonctions et même emprisonner les magistrats qui lui sont subordonnés. Dans sa capacité administrative, il ne dépend que de l'intendant général de police et des secrétaires d'état.

Un magistrat indépendant du corrégidor, mais tenant rang après lui, le *provedor*, a la surveillance de la recette des deniers royaux, arrête la comptabilité des communes, fait exécuter les lois en ce qui concerne les testamens, la législation des majorats et l'administration des hospices et maisons de charité. Quelquefois la juridiction du *provedor* s'étend sur plusieurs comarques; quelquefois aussi les fonctions de corrégidor et de provedor sont réunies dans la même main.

Chaque comarque se compose d'un nombre irrégulier de *cidades* et de *villas*. Le titre pompeux de *cidade*, cité, appartient à d'anciennes villes de temps immémorial. Il en est qui l'ont reçu du roi. On l'a donné à toutes celles qui ont des évêques. Villa cor-

reyra, de Menezez. Presque toute la noblesse titrée habite Lisbonne, où elle dissipe d'amples

respond à notre mot *bourg*, quoiqu'il y ait des villas plus grandes et plus riches que certaines *cidades* et d'autres plus petites et plus pauvres que de simples villages.

Toutes les *cidades* et un certain nombre de *villas* ont leur juge de fora, *juiz de fora*, ainsi nommé parce qu'il vient du dehors, *fora*. Le juge de fora exerce dans le territoire, *termo*, de sa *cidade* ou *villa* les mêmes fonctions que le corrégidor dans la comarque, mais il est soumis à son contrôle en matière de gouvernement, et à sa juridiction en matière de justice. Dans les grandes villes, les fonctions du juge de fora sont partagées entre un juge de civil, *juiz do civel*, et un juge criminel, *juiz do crime*; un magistrat inférieur, dit le juge des orphelins, *juiz dos orfaos*, correspond pour l'emploi au provedor et lui rend compte. Il y a en outre, à Lisbonne et ailleurs, des juges particuliers pour certaines spécialités de personnes et de délits.

Les corrégidors, provedors et juges de fora, sont magistrats lettrés. Le roi les nomme, hormis dans quelques endroits où ils sont restés au choix des donataires. Leurs fonctions durent trois ans, au bout desquelles on les transfère ailleurs. Voici la gradation : on débute par être juge de fora dans un bourg ; on le

revenus provenant, non de son patrimoine, car les vastes possessions territoriales sont le

devient ensuite dans une ville ; puis on est nommé provedor ou corrégidor ; enfin on arrive à une provédorie ou corrégidorie dite du premier banc, parce que la *cidade* ou *villa*, chef-lieu de la comarque, votait jadis dans les cortès de la nation.

Les bourgs, *villas*, qui n'ont pas de juge de fora, sont gouvernés par un juge ordinaire, *juiz ordinario*, appelé aussi *juiz da terra*. Les habitans le choisissent entre eux, et le gouvernement ne fait que confirmer la nomination. Les juges ordinaires sont en exercice pendant un an seulement. Leurs fonctions sont les mêmes que celles des juges de fora, sauf la juridiction qui est moins étendue.

Chaque *cidade* ou *villa* a sa chambre municipale, *camara*. Les chambres se composent du juge de fora ou ordinaire président, de deux ou trois municipaux, *vercadores*, et d'un procureur, *procurador*, que les habitans nomment tous les ans. Aux chambres appartient le contrôle sur les dépenses des communes, *concelhos*, et sur l'administration de leurs biens, les marchés, les corps de métier, la propreté des rues, l'entretien des fontaines et des édifices communaux, en un mot, tout ce qui concerne la police et l'administration locales. Elles rendent, de concert avec les

partage d'un petit nombre de familles, mais des emplois publics, des commanderies insti-

principaux du pays, des ordonnances, *posturas ;* elles confient l'exercice de leur autorité à deux magistrats appelés *almotaces.*

Lisbonne a une organisation municipale particulière. Sa chambre porte le nom de sénat, *senado da camara ;* elle est présidée par un grand du royaume, et composée de magistrats nommés par le roi, et de quatre hommes du peuple choisis dans les corps de métiers, *os quatro procuradores dos mestores.* Le sénat de Lisbonne a des droits et des prérogatives dont ne jouissent pas les autres chambres.

Les corrégidors, provedors, juges, chambres municipales et almotaces, emploient, pour l'accomplissement de leur office, des greffiers ou écrivains, *escrivaïs*, qui tiennent la plume, et des agens de police et justice, appelés *meirinhos et alcaides.* Dans les endroits considérables, les meirinhos et les alcaides sont assistés par des subalternes dits *homens da vara*, parce qu'ils portent la verge, *vara*, signe et instrument de l'autorité.

Le territoire, *termo*, d'une *cidade* ou d'une *villa*, ne consiste pas seulement dans l'espace habité compris entre les murailles. Il se compose encore de maisons dispersées au dehors, de hameaux et de villages adja-

tuées jadis pour récompenser la valeur guerrière, des donations et des aumónes du Prince,

cens. Ces villages, *poras* ou *lugares*, sont formés en petites communes, *concelhos*, et en seigneuries, *senhorios*, dites *contas*, des mots latins *loci cauti*, lorsqu'elles appartiennent à des couvens ou à des chapitres, et *jugaldos*, *behetrias*, *houras*, lorsqu'elles sont la propriété de *laïques*. Les concelhos s'administrent eux-mêmes; les senhorios sont administrés par le seigneur ou par ses préposés.

Cette administration très-subalterne est, avec les donataires, tout ce qui reste de féodalité dans le pays. On appelle donataires, *donatarios*, les corporations et les individus auxquels la cour a conféré des juridictions sans terre ou concédé des terres emportant juridiction. Les principaux donataires, comme la maison de la reine, la famille de Bragance, la maison de la princesse du Brésil, celle du prince appelée *casa do infantado*, le prieuré de Crato, sont confondus dans le domaine royal; et les seigneurs ne nomment plus aujourd'hui que dix juges de fora dans tout le royaume. Cependant il faut croire que la noblesse portugaise, pour avoir perdu sa suprématie féodale, n'a pas cessé d'être offensive et envahissante, car la première des instructions que reçoivent les corrégidors et les juges de fora en se rendant à leur poste, est de mettre ob-

et surtout de la vente qu'elle fait, à deniers comptant, de ses recommandations[1]. Dégagés

stacle aux excès des Fidalgues, *obstar a os excessos dos Fidalgos.*

Nous avons voulu dans cette note décrire le mécanisme de l'organisation politique en Portugal, afin de rendre plus facile l'intelligence de l'histoire que nous écrivons. Il n'était pas de notre sujet d'entrer dans les circonstances de mœurs et de localités qui présentent quelques compensations à l'arbitraire ; encore moins d'examiner jusqu'à quel point la haine que font naître les écarts des classes privilégiées, peut en tout pays donner des partisans au despotisme qu'exercent avec régularité un maître et ses délégués.

[1] Fidalgo vient de *filho de algo*, littéralement *fils de quelque chose.* Quoique ce nom appartienne indistinctement à tous les nobles, l'usage l'a consacré pour désigner les familles qui comptent un ou plusieurs personnages titrés. Les Fidalgues s'intitulent Fidalgues de la maison du roi, *fidalgas da casa real*, et en effet le prince les tient dans une exclusive dépendance : titres, commanderies, emplois, pensions, terres concédées, tout leur vient de la couronne. Les titres sont de trois espèces : à vie, pour un certain nombre de générations,

[1] *Voyez* cette note, page 44.

des liens de la morale à laquelle sont soumis les autres citoyens, les Fidalgues ne croient

ou à toujours. Même dans le dernier cas, le fils a besoin de l'attache du monarque pour succéder à son père. Les Fidalgues sont astreints à une foule d'observances de cour. Ils ne peuvent ni voyager, ni se marier, sans la permission royale. Le début de leurs fils dans le monde est marqué par l'accomplissement de quelque devoir de domesticité envers le prince, et vaut à ces jeunes gens le titre de *moço fidalgo, garçon fidalgue*.

Quoique la Fidalguerie portugaise ne remonte pas très-haut dans l'histoire et qu'elle soit fréquemment entachée de bâtardise, il n'est pas au monde de noblesse plus vaine de la splendeur de son origine. A côté d'elle les grands d'Espagne peuvent passer pour des modèles d'humilité. Le roi don Sébastien, avant d'entreprendre l'expédition d'Afrique, désira s'aboucher à Notre-Dame de Guadalupe avec le roi de Castille, Philippe II, son oncle. On envoya de Madrid le duc d'Albe, et de Lisbonne, le comte de Rodondo pour faire les préparatifs de l'entrevue. « Qui accompagnera » votre roi ? » demanda l'orgueilleux Espagnol placé si haut de naissance et de gloire : « Avec le roi mon maî- » tre, répondit le Portugais, viendront le duc de » Bragance, le duc d'Aveyro, le marquis de Villa-

avoir du crédit que lorsqu'ils font ou obtiennent des choses contraires aux lois. Au temps de

» Réal, et une infinité de simples gentilhommes *Fi-*
» *dalgas razos*, comme moi et vous. »

Le Portugal a ses maisons nobilissimes, ou qui prétendent l'être parce qu'elles ont siégé dans les anciennes Cortez. Les ducs, marquis et comtes sont appelés grands du royaume. Cependant plusieurs très-anciennes familles restent ignorées dans les provinces du nord, tandis que des hommes d'une naissance obscure, et décorés de titres nouveaux, se mettent dans Lisbonne à la suite de la haute noblesse.

Le *don* que tout le monde prend en Espagne est réservé en Portugal aux membres de la famille régnante, aux Fidalgues issus par bâtardise du sang royal et à un petit nombre de maisons. On ne peut néanmoins rien conclure de la présence ou de l'absence du *don* pour ou contre l'illustration des grandes familles; témoin le dicton :

> *Mello con don, et Menezes sin elle,*
> *Nao façais cazo delle.*

Ne faites aucun cas de Mello avec un don, et de Menezes sans lui. Les évêques sont les seuls auxquels on accorde le *don* autrement que par droit de naissance.

Il règne en Portugal et dans toutes les conditions une

Jean IV, de ses deux fils, et de Jean V son petit-fils, on les voyait soutenir, à force ouverte, la guerre contre le corps social. Leurs

véritable anarchie de noms propres. L'un se fait appeler comme son père, l'autre comme sa mère. Celui-ci porte le nom de son majorat, celui-là du lieu de sa naissance ; tel autre le nom de son bienfaiteur. Plusieurs ne sont jamais désignés que sous leurs noms de baptême. Nous aurons soin, dans notre histoire, d'énoncer la série entière des dénominations au moyen desquelles chacun pourra reconnaître les personnages dont nous devrons nous occuper.

[1] Les Portugais ont un mot particulier, *empenho*, qui exprime plus fortement que le mot *recommandation*, la bienveillante sollicitude toujours prête à intervenir dans la justice comme dans l'administration. Il est reçu qu'un *empenho* n'a de mérite qu'autant qu'il attire une faveur sur quelqu'un qui ne la mérite pas ou qu'il soustrait un coupable à l'action des lois. Les Fidalgues ont reçu de leurs pères le précepte de s'attacher les vauriens. Dans le temps de leur puissance, c'était afin d'avoir des instrumens de crime à leur disposition. Aujourd'hui, c'est par habitude et même par charité : « Il faut bien, disent-ils, venir au secours de ceux » que personne ne protége. »

maisons servaient de dépôt de contrebande, de banques de jeux illicites, d'asiles pour les criminels. Ils entretenaient à leur solde des assassins déguisés sous le nom et la livrée de laquais. Souvent ils couraient la nuit, à la tête de bandes armées, les rues de la capitale, enlevaient les femmes, assaillaient les passans ; les fils du grand Albuquerque avaient placé leur gloire à sortir sanglans de ces ignobles combats.

Les excès qu'on était en droit de reprocher aux prêtres n'étaient pas de même nature. Dans aucun temps le clergé séculier n'a eu en Portugal une forte consistance politique. Les couvents n'y sont pas aussi nombreux qu'en Espagne. A Lisbonne, l'importance monacale était atténuée par la prédominance arrogante des nobles et par le mouvement mercantile. Bien que la fréquentation des Anglais apprît à faire quelque différence entre les hérétiques et les démons, il régnait parmi le peuple une ignorance et une superstition flétrissantes. Afin de s'attacher la multitude, qui de sa nature tient beaucoup aux pratiques dont elle est occupée sans cesse, les moines avaient successivement chargé le culte extérieur de cérémonies, et jonché le pays de sanctuaires et de vierges miraculeuses. Le monopole de l'instruction publique leur était départi. Si l'Inquisition paraissait sommeiller, ce n'est pas que ses ministres fussent moins zélés que leurs prédécesseurs pour torturer et brûler ceux qui avaient le malheur de tomber entre leurs mains; mais les juifs et les hérésiarques du dix-huitième siècle n'avaient pas goût au martyre. Quand le saint-office les prenait sur le fait, ils aimaient mieux abjurer et faire pénitence, que d'obtenir, au prix de tourmens atroces endurés ici-bas, les félicités présumées d'une autre vie.

Joseph monta sur le trône le 31 juillet 1750. Moins médiocre que notre Louis XIII, le hasard lui donna un ministre aussi habile et plus absolu encore, s'il se peut, que le cardinal de Richelieu. Si les malheurs ou les fautes de deux siècles eussent pu être réparés par la profondeur de politique d'un seul règne; et si le temps dans sa marche rapide ne modifiait pas irrévocablement la situation relative des états, Jose-Sebastiño Carvalho, marquis de Pombal [1], eût rendu au Portugal les temps de Jean II et d'Emmanuel. Ses contemporains lui reprochaient un caractère violent et même cruel, et des coups d'état fréquemment répétés. Les hommes libéraux ne lui pardonnent pas d'avoir élevé, contre le pouvoir judiciaire et sur les débris des institutions municipales, l'arbitraire ministériel, et surtout cette police ombrageuse, plus redoutable pour la liberté individuelle, que ne sont funestes à la sûreté

---

[1] Pombal est un des chefs de cette école, qui dit : « Tout pour le peuple, rien par le peuple. » Ces tuteurs des nations sont intéressés à prolonger l'enfance de leurs pupilles.

publique les désordres qu'elle se charge de réprimer.

C'est le propre de certains remèdes de ne laisser apercevoir leur efficacité que long-temps après qu'ils ont été administrés. Les Portugais d'aujourd'hui disent toujours le *grand Pombal*. On ne fait pas un pas à travers le pays sans rencontrer dans l'organisation sociale, comme dans les objets matériels, quelques traces de son génie. Sous son ministère, le revenu de la monarchie a été augmenté sans fouler les peuples; l'agriculture a paru se ranimer, et les encouragemens du pouvoir ont fait éclore quelques manufactures. Les nobles ne voulaient pas se conduire comme des citoyens; on les a fait souvenir qu'ils étaient des sujets. . Pombal a donné le signal de la guerre européenne contre les jésuites; il a défendu aux moines de recevoir des novices; l'Inquisition a été subordonnée à l'autorité civile. La censure des livres lui a été retirée; par suite on a vu jusque dans les bibliothèques des monastères les *OEuvres de Voltaire* et de *Montesquieu* fraternellement rangés sur les mêmes tablettes à côté de la somme de saint Thomas d'Aquin et des volumes poudreux du docteur Séraphique.

Pombal n'avait pas eu besoin de soldats pour accomplir ses projets, et par éducation il était étranger au métier des armes; mais il voulait que la puissance de son maître fût également respectée au dehors et au dedans. Les Anglais, devenus pour le Portugal des alliés presque nécessaires, entendirent un langage qui n'était plus celui du vasselage. Pour soutenir l'attitude qu'on voulait prendre, il était besoin d'un établissement militaire de terre et de mer. Cela fut évident pour tous, quand le pacte de famille conclu en 1761 entre la France et l'Espagne força la cour de Lisbonne à entrer dans la querelle qui depuis cinq ans mettait les armes à la main aux puissances de l'Europe.

Le Portugal n'avait plus d'armée. Après la

guerre de la succession, Jean V s'était servi de son infanterie pour extraire des carrières et traîner à bras les pierres destinées à la construction du palais-monastère de Mafra, qu'il élevait sur le modèle de l'Escurial. La moitié des soldats n'avaient ni fusils ni uniformes. Les Fidalgues tenaient, comme par droit héréditaire, les grades de généraux et colonels, sans daigner en exercer les fonctions, et ils vendaient ou faisaient occuper par leurs valets les emplois d'officiers. Les places démantelées par les Français et les Espagnols, ou ruinées par le temps, n'avaient pas été relevées. Les arsenaux étaient vides. Quarante-huit années de paix avaient effacé jusqu'aux traditions de guerre, et l'on savait à peine à quoi une armée peut servir.

Le général de Schaumbourg-Lippe[1], comte

---

[1] Les Portugais appellent encore Lippe *o gran conde*, comme ils appellent Pombal *o gran marquez*.

immédiat de l'empire germanique, fut choisi pour restaurer le militaire portugais. Il venait de commander avec distinction, pendant les campagnes d'Hanovre, l'artillerie de l'armée du prince Ferdinand de Brunswick. A peine arrivé en Portugal, il dut courir à la défense des frontières menacées. Son armée se composait de neuf à dix mille Portugais qui, ne le connaissant pas, se défiaient de lui, et de cinq à six mille Anglais ou Irlandais, obéissant de mauvaise grâce. Il y avait en face quarante mille Espagnols commandés par le comte d'Aranda, dont les chefs avaient, pour la plupart, fait les campagnes d'Italie, et un corps auxiliaire de douze bataillons français aux ordres du prince de Beauvau.

Avec une telle disproportion de forces, on ne pouvait pas demander des batailles au comte de Lippe. Il fit une campagne de marches et de positions, et sut tirer parti du patriotisme des paysans, ainsi que des difficultés incroyables qu'offre sur tous les points le pays compris

4.

entre le Duero et le Tage [1]. Les manœuvres de la diplomatie vinrent au secours de son talent. Après quelques mois de campagne, l'armée alliée espagnole et française n'avait obtenu d'autre avantage que la possession d'Almeida.

La guerre de 1762 n'avait été qu'un éclair. On employa les premiers momens après la paix, à créer une véritable armée. Il y avait de l'étoffe pour les soldats ; les Portugais sont sobres, disposés à la guerre, et ils détestent cordialement les Espagnols. D'ailleurs, la facilité de faire des levées à outrance dans la population, et de retenir les hommes tant qu'on le veut sous le drapeau, ne met à l'extension de l'établissement militaire d'autres

---

[1] Le comte de Lippe a laissé une relation écrite en français de sa campagne de 1762. Elle a été traduite en langue portugaise et imprimée en 1812, dans *l'Investigador*, journal mensuel qui paraît à Londres. C'est ce qui a été fait de meilleur sur la guerre en Portugal considérée dans ses rapports avec la topographie du pays.

bornes que la détresse des finances. Le comte de Lippe forma vingt-quatre régimens d'infanterie, non compris trois régimens étrangers qu'on n'a pas conservés long-temps, douze de cavalerie et quatre d'artillerie sur le pied des troupes prussiennes, réputées alors les meilleures de l'Europe. Deux colonels, Hollard et Valleré, l'un Suisse et l'autre Français, organisèrent sous sa direction un équipage d'artillerie de bataille, mobile et approprié à un pays de montagnes. Le comte de Lippe passa en Portugal les années 1762 et 1763, et y fit ensuite une apparition en 1767. Ce n'était pas assez pour mettre la dernière main à son ouvrage. Il a laissé un règlement de service, *Regulamento para o exercicio e disciplina dos regimentos de infanteria dos exercitos de sua majestad fidelissima*, qu'on a mis en pratique jusqu'à ces derniers temps. Son nom est resté à un fort élevé par ses soins, pour compléter la place d'Elvas.

Cependant l'armée nouvelle du Portugal

pouvait être comparée à une pyramide qui manquerait par le sommet et par la base. On n'avait pas jugé les nationaux assez habiles ou assez sûrs pour leur confier les destinées de la patrie, et, par un rapprochement bizarre, dans un service où les étrangers ne sont pas admis à l'honneur de porter le mousquet, les chefs et ceux sur lesquels roulaient les principaux détails d'exécution étaient des Allemands, des Suisses, des Français, des Anglais, que l'avarice, l'ambition ou l'esprit d'aventure avait attirés.

Le comte de Lippe, quoiqu'il fût homme d'intelligence et de tact, n'avait pas compris le Portugal; il avait échafaudé son système sans consulter les lois, les mœurs, les circonstances particulières de la nation pour laquelle il bâtissait. Les méthodes de l'école prussienne ne sont autre chose que des moyens plus ou moins efficaces pour mettre une armée en œuvre; mais le fonds à faire valoir, c'est l'amour de la patrie, ce sont les vertus, ce sont même les préjugés populaires. Des procédés mécaniques, importés d'Allemagne, ne convenaient pas à un peuple chaleureux, mais inconstant. Le comte de Lippe faisait peu de cas des milices, qu'il appelait des corps amphibies; à plus forte raison méprisait-il les paysans armés.

C'était néanmoins cette foule indocile des ordonnances, bien plus que les secrets de la stratégie qui avaient, en 1762, paralysé les Espagnols du comte d'Aranda, et les Français du prince de Beauvau. Le général le plus habile ne se maintiendra pas long-temps dans des montagnes, où l'inépuisable énergie de la population en armes s'interposera entre l'armée agissante et la base d'opérations. Le siècle où nous vivons, ce siècle de guerres universelles et de pouvoir centralisé, s'est ouvert sous des auspices funestes aux petits états. Nous ignorons combien de temps encore les Portugais formeront une nation; toutefois, nous ne craignons pas de prédire que toute organisation militaire qui n'embrassera que l'armée régulière, ou qui la subordonnera à des officiers étrangers, pourra servir tel jour et dans telles circonstances données, mais ne tardera pas à s'écrouler d'elle même. Malheur à ceux qui se confient à l'assistance du dehors! Malheur à ceux qui prétendent défendre le territoire seulement avec le superflu de la population! Pour les Portugais, appelés à combattre les Espagnols à un contre cinq, c'est une nécessité que d'être toujours prêts à mettre en action leur population tout entière. Il leur faut un système, où soient combinées, dans la juste appréciation de leur valeur respective, les troupes de ligne, les milices, les ordonnances, l'esprit public, les usages, la topographie, les places vieilles ou neuves. Le salut d'un peuple montagnard repose sur deux mots magiques : *patrie* et *liberté*.

L'établissement militaire, alternativement soigné ou négligé suivant les variations de la politique, s'est traîné jusqu'à l'époque dont nous voulons écrire l'histoire sur les erremens tracés par le comte de Lippe. Il a subi, pendant la durée de la révolution Française, quelques modifications que nous dirons en leur place.

Le roi Joseph mourut en 1777. La loi salique n'a point passé les Pyrénées, et de tout temps dans les royaumes de la Péninsule, les femmes de la ligne directe ont hérité du trône au préjudice des mâles de la branche collatérale. Ainsi, il arriva que ce fut une femme qui succéda à Pombal. A l'instant une réaction éclata. Le vieux ministre fut persécuté. Les Fidalgues et les prêtres ressaisirent le pouvoir; les premiers reprirent leur train d'intrigues vénales et de patronage scandaleux. Ils se ruèrent sur le trésor public, tantôt sous le prétexte d'anciennes donations qu'un gouvernement fort avait reprises comme illégales, tantôt pour réclamer les arrérages des pensions qu'une liquidation sévère avait supprimés. Les autres rouvrirent les cloîtres, essayèrent de rallumer les bûchers de l'Inquisition, et firent restituer à cet absurde tribunal la censure de la librairie. Mais il était trop tard. Une génération entière avait bu le poison de la philosophie. Au premier auto-da-fé qu'on célébra, bien qu'il n'y eût ni juifs ni hérétiques brûlés, les hommes éclairés témoignèrent un mécontentement, et le peuple une indifférence qui ôtèrent l'envie de recommencer.

La reine Marie était une princesse vertueuse. La douceur de son caractère empêcha la réaction de devenir sanglante. On l'a beaucoup louée, pour avoir encouragé les sciences et les arts. Mais si elle continua quelques-uns des travaux utiles de son père, elle entreprit aussi de pieuses extravagances. Ce qui restait des épargnes de Pombal fut employé à bâtir des églises et des couvens dans Lisbonne, où il y avait déjà cent couvens et deux cents églises. Un seul de ces édifices, consacré au cœur de Jésus, *convento do Coraçao de Jesu* et destiné à oger des religieuses, a coûté neuf millions de cruzades[1], près de vingt-trois millions de francs. Le confesseur de la reine, don Jose Maria de Mello, nommé depuis évêque des Algarves, et inquisiteur général, passait pour exercer sur l'esprit de sa pénitente l'empire que les femmes dévotes laissent prendre d'ordinaire, aux approches de la vieillesse, à ceux qui dirigent leur conscience. Une influence de cette nature ne devait pas être favorable à la liberté. Aussi, lorsqu'on voulut démolir l'œuvre de Pombal, ce ne furent pas ses dispositions illibérales et arbitraires, qui furent attaqués avec le plus de force. Les hommes du pouvoir restèrent avec leurs exorbitantes attributions. Le gouvernement du Portugal présenta l'assemblage monstrueux des suggestions du fanatisme faiblement repoussées, de l'oppression désordonnée d'une aristocratie qui n'est pas même constituée aristocratie politique, et de l'à-

---

[1] La cruzade est une monnaie d'argent de la valeur de deux francs cinquante centimes.

preté d'un despotisme légal plus intolérable mille fois dans un petit État que dans un grand.

Telle était la situation du royaume lorsque la révolution de France commença l'ébranlement de l'Europe. Les gouvernans du Portugal n'avaient pas la vue assez perçante pour apercevoir dans le lointain des incursions de troupes étrangères. Leur attention fut attirée par le danger qui paraissait le plus pressant. La police et le clergé se coalisèrent contre les francs-maçons et les philosophes, considérés comme propagateurs de principes révolutionnaires. En Amérique, le commandant de la Guyane portugaise interrompit les relations de voisinage avec la Guyane française, afin que les nègres des deux colonies ne communiquassent point entre eux. La cour de Lisbonne rejeta des propositions de neutralité qui lui furent adressées par la Convention nationale. Elle eut pu difficilement s'abstenir de prendre part à une ligue dans laquelle entraient l'Angleterre et l'Espagne.

Une escadre de neuf vaisseaux de ligne fut mise à la disposition du gouvernement britannique. Six régimens d'infanterie avec un train d'artillerie convenable allèrent par mer joindre l'armée espagnole des Pyrénées orientales. Les vaisseaux pourirent sans honneur dans les bassins de Portsmouth. Le corps auxiliaire parut avec distinction à côté de bataillons long-temps ennemis. Le lieutenant-général Joào Forbes Skallater, un des élèves de Lippe, le commandait. Il avait pour adjudant-général le comte d'Assumar, depuis marquis d'Alorne. Après la chute de Pombal, les grands avaient pris goût au service. Plusieurs Fidalgues suivirent l'expédition comme volontaires. Les Portugais arrivèrent en Roussillon à point nommé pour contribuer au gain de la bataille de Ceret, le 26 novembre 1793. Alors les Français étaient aux abois sur cette frontière. Peu de mois après, la République prit en tous lieux une attitude triomphante. Les Espagnols furent mis en déroute et perdirent en Catalogne des places et du terrain. Le corps auxiliaire eut sa part de la détresse commune; dans l'une et dans l'autre fortune, les Français le regardèrent comme l'élite de l'armée qu'ils avaient devant eux.

L'Espagne fit, en 1795, la paix avec la France, et offrit sa médiation en faveur du Portugal. Après le traité de Bâle, vint, à un an de distance, le traité d'alliance offensive et défensive conclu à Saint-Ildephonse. Bientôt la République française, jeune d'années et chargée de victoires, n'eut plus d'autre ennemi sur le continent que le petit royaume de Portugal.

La politique du cabinet de Lisbonne avait été jusqu'alors fondée sur des motifs plausibles. La maison de Bragance, branche cadette et bâtarde de la maison de France, ne devait pas s'empresser à reconnaître la première la nouvelle république; elle avait dû se mettre à la queue de la ligue des rois. Dans les intérêts du moment, en envoyant ses soldats combattre aux Pyrénées, elle n'avait fait que défendre ses frontières.

Maintenant, six années de guerre avaient créé d'autres rapports et devaient amener d'autres combinaisons. Il s'agissait de résoudre si le Portugal, avec sa faible armée et son mauvais gouvernement, s'exposerait aux efforts réunis de la France et de l'Espagne, ou renoncerait à son alliance avec l'Angleterre?

Depuis plusieurs années la reine était atteinte d'un dérangement mental qu'avaient éprouvé, à différens degrés, plusieurs de ses ancêtres. La maladie faisant des progrès continuels, il fut décidé en conseil d'état, dès le mois de juillet 1796 que la direction des affaires publiques serait remise à d'autres mains. Don Jean, le second fils de Marie, était devenu, par la mort de l'aîné, héritier présomptif de la couronne. Une éducation pitoyable avait rétréci l'esprit de ce prince. Dans le pays le plus superstitieux de l'Europe, on parlait avec étonnement de sa passion pour les pratiques religieuses[1]. Vétilleux et défiant, il n'avait ni assez de capacité pour se conduire par ses propres lumières, ni assez de résolution pour être mené par un autre; car c'est déjà un indice de vigueur que de vouloir constamment ce que veut l'homme auquel on se confie. Personne n'a connu au prince du Brésil ni maîtresse ni favori, mais il changeait souvent de confesseur. De là une volonté capricieuse et flottant au gré des subalternes admis en assez grand nombre à sa familiarité. On lisait sur sa physionomie l'expression de la timidité. Son habitude de corps embarrassée et son élocution difficile inspirait plutôt une commisération bienveillante que le respect. Bon fils et bon père, tout lui manquait de ce qui fait un bon roi.

[1] Il chantait vêpres et matines, et faisait construire des orgues de la plus grande beauté dans le couvent de **Mafra**.

Ainsi les opinions personnelles du souverain ne dirigeaient pas les conseils. Le marquis de Ponte de Lima, vieillard probe et humain, mais faible et entiché de sa noblesse, était à la tête du cabinet. On lui avait confié les finances du royaume, quoique les tribunaux l'eussent jugé incapable de gérer les biens de sa maison. Marthino de Mello, homme bizarre et tranchant, avait le département de la marine et des colonies. Les affaires étrangères, la guerre étaient entre les mains de Luiz Pinto de Souza Continho, ancien ambassadeur à Londres. Ces trois ministres appartenaient à la haute aristocratie et professaient une aversion décidée contre la France révolutionnaire. Le secrétaire d'état de l'intérieur, José de Scabra da Silva, faisait parade de sentimens d'indépendance. Caustique dans le propos et dur dans l'action, Scabra n'était pas un ami de la liberté; mais le décousu, les petitesses et l'intrigue lui faisaient pitié, et, quoiqu'il eût été cruellement persécuté pendant quinze ans par

Pombal, il n'avait pas abjuré les doctrines de l'école à laquelle se rattachaient les premiers succès de sa carrière politique. En 1796, Don Rodrigo de Souza succéda à Marthino de Mello. L'influence du cabinet de Saint-James pesa chaque jour davantage sur le cabinet de Lisbonne. Elle ne fut pas ébranlée, lorsque le marquis de Ponte de Lima étant venu à mourir, la charge de premier ministre fut conférée au duc de Lafoës. Cependant ce seigneur, fils d'un bâtard légitimé du roi Don Pèdre II, avait manifesté de tout temps sa prédilection pour la France et les Français.

Derrière les secrétaires d'état marchait un homme qui, n'ayant pas entrée au cabinet, était cependant plus puissant que les ministres. Diego Ignacio de Pina Manique, intendant général de la police, travaillait directement avec le prince du Brésil, et se plaisait à l'effrayer de prétendues conspirations pour avoir ensuite le mérite de le rassurer. Il fatiguait de vexations les étrangers domiciliés à Lisbonne et les hommes auxquels on supposait des principes libéraux ; comme si aliéner du prince les cœurs de la classe instruite de la société, n'eût pas été un des plus sûrs moyens pour frayer à la terrible révolution de France le chemin du Portugal.

La nation souffrait ; son commerce éprouvait depuis le traité de Bâle des pertes continuelles de la part des corsaires français, qui, assurés d'un refuge dans les ports d'Espagne, couraient sus aux navires portugais jusqu'à l'embouchure du Tage. Les flottes anglaises n'étaient pas encore, à cette époque, prêtes toujours et sur toutes les mers, à protéger leurs alliés. Le renouvellement du pacte de famille renversait le boulevard derrière lequel le Portugal s'était cru à l'abri des entreprises directes de la puissance française.

Cependant l'espoir de vivre en paix avec le continent n'était pas entièrement dissipé. Antonio de Araujo de Azevedo, ministre plénipotentiaire en Hollande, se rendit à Paris avec la mission de sonder les dispositions du gouvernement français. Le moment était favorable. Le Directoire exécutif tenait à honneur de fermer le temple de Janus. Un traité fut signé le 10 août 1797 entre la république française et sa majesté très-fidèle. La France consentit à l'établissement de nouvelles limites dans les Guyanes. Loin de réclamer pour le produit de ses fabriques un débouché exclusif dans les états de sa majesté, elle y laissait prédominer le commerce anglais, attendu, (ce sont les termes du traité), que la consommation des vins de Portugal en France n'était pas assez considérable pour compenser l'introduction des draps français en Portugal. Une abnégation des intérêts nationaux de la part des républicains accoutumés à humilier les rois, fit croire que le directeur Barras, un des puissans de cette époque, avait été séduit par des argumens d'une espèce particulière. Quoi qu'il en soit, et tout avantageuses qu'étaient les clauses obtenues, le prince du Brésil refusa de les ratifier sous le prétexte que Araujo n'était pas muni de pouvoirs suffisans pour traiter. Le Directoire, dans son juste mécontentement, envoya à la prison du Temple le diplomate portugais [1].

L'éclat impolitique avec lequel fut désavouée la négociation, venait de l'influence des étrangers. Les ministres anglais avaient senti le besoin de retenir à tout prix le Portugal dans leur alliance. Le parlement vota en sa faveur un subside de deux cent mille livres sterling. Huit mille hommes de régimens émigrés français et suisses, à la solde britannique, s'embarquèrent sous les ordres du lieutenant-général sir Charles Stewart, et furent reçus dans Lisbonne et dans les forts du Tage. La prise de possession avait lieu au moment où

---

[1] M. d'Araujo fut enfermé au Temple vers le 1er. février 1798. Il sortit le 1er avril. Sa mise en liberté fit croire à un rapprochement du Portugal avec la république.

les négociations du chevalier d'Araujo à Paris étaient entamées. Ce fut comme une invasion du royaume par l'Angleterre.

Nous ne pensons pas que le Portugal dût hésiter sur le choix de ses alliés. Il faut bien, en politique, subordonner les déterminations actuelles aux combinaisons déjà consommées. Une foule d'intérêts publics se liait à l'exécution du traité de Methuen. La Grande-Bretagne n'eût pas souffert qu'un vassal de cent ans secouât impunément le joug, et les moyens de punir les rebelles ne lui auraient pas manqué. Dépouillés du Brésil, et privés du commerce maritime, à quel degré d'amoindrissement ne seraient pas descendus Lisbonne et Porto? Mais ouvrir les forteresses aux troupes britanniques, c'était se précipiter à plaisir dans une guerre sans fin contre la puissance la plus formidable du continent.

Puisque le gouvernement portugais adoptait une politique si tranchante, la prudence lui prescrivait de se tenir prêt à combattre. Sous la direction du secrétaire d'état Luiz Pinto, et particulièrement depuis 1797 jusqu'à 1801, le département de la guerre prit une activité dont il était déshabitué depuis la campagne de 1762. On fit ou renouvela plusieurs règlemens utiles pour le recrutement et l'organisation de l'armée, et l'on s'occupa de la compléter. La durée du service des soldats de toutes armes fut fixée à dix ans. Chaque année, le capitaine Mor, dans son arrondissement, faisait dresser, par les capitaines d'ordonnances, et au moyen de revues passées sur le terrain, la liste des hommes en état de porter les armes. Il rayait ensuite, de concert avec l'autorité civile, les privilégiés, les hommes mariés, les hommes parvenus à l'âge de trente-cinq ans, les fils aînés des veuves et les sujets particulièrement utiles à l'agriculture et aux arts. Sur la liste ainsi réduite, on tirait au sort le contingent demandé à la capitainerie Mor pour le service de l'armée de ligne. Assez souvent on retenait en prison les hommes de recrue désignés par le sort, jusqu'à ce qu'ils fussent en nombre assez considérable pour former un détachement de marche et rejoindre le régiment. La milice se recrutait ensuite de la même manière, mais pour la vie. Elle atteignait les célibataires avant les hommes mariés, et elle n'épargnait même pas les soldats retirés du service, lorsqu'ils étaient encore valides. Le reste des inscrits sur les listes, après les levées pour la ligne et pour la milice, composait le corps des ordonnances.

On choisissait les officiers d'infanterie, de cavalerie et d'artillerie, deux tiers parmi les cadets, et un tiers parmi les sergens. Les cadets sont des jeunes gens qui suivent les régimens pour apprendre le service. Les nobles seuls pouvaient être cadets. Ceux de province, et surtout les plus pauvres, affluaient dans l'armée. Passé le grade de sous-lieutenant, *afferez*, l'avancement n'était soumis à aucune règle. Le collége des nobles, un des établissemens de Pombal, et les cours de l'académie royale de fortification instituée par la reine Marie, fournissaient à l'armée quelques sujets distingués ; il y avait aussi à la tête des régimens et des compagnies, surtout dans les troupes à cheval, des jeunes gens de haute naissance ; mais, en général, les officiers mal payés et peu considérés formaient une classe subalterne sous le point de vue de l'éducation et de la manière de vivre. De leur séjour perpétuel dans les mêmes garnisons résultaient une vie casanière, des habitudes ignobles et de fréquentes mésalliances, qui effaçaient les sentimens généreux propres à la profession des armes. Afin de ne pas laisser tout-à-fait revenir le temps où les officiers servaient à table chez les Fidalgues, on augmenta un peu leurs appointemens. Un Mont-de-Piété fut établi pour secourir, après leur mort, les veuves et les orphelins qui, auparavant, n'avaient d'autre ressource que la charité publique. L'ordre d'Avis, le second des trois ordres de chevalerie du royaume, fut particulièrement affecté à la récompenee des services militaires.

Les vingt-quatre régimens d'infanterie avaient été constitués en 1762 en un bataillon de dix compagnies. On dédoubla les bataillons, et ils n'eurent plus que cinq compagnies dont une de grenadiers dans le premier bataillon, et une de chasseurs dans le second. Le complet de la compagnie fut de cent cinquante hommes, ce qui porta le régiment à quinze cents et le total de l'infanterie à trente-six mille hommes. Cette troupe était peu exercée. L'ordonnance de manœuvres que lui avait donné le comte de Lippe renfermait à peine quelques notions élémentaires des écoles de peloton et de bataillon. On prit des détachemens d'hommes choisis de tous les corps. On les réunit près du village d'Azambuja dans un camp de modèle où ils devaient puiser une instruction agrandie et uniforme pour la reporter ensuite dans les régimens. Cet essai n'eut pas pour l'ensemble de l'armée le succès qu'on en attendait.

L'infanterie légère devait paraître une superfétation dans un pays où les paysans regardent comme une obligation sainte de s'éparpiller dans les rochers dès qu'ils entendent le coup de canon d'alarme, et de tuer à coup de fusils ou de piques l'étranger en armes qui viole le territoire. Cependant on créa un corps de troupes légères de huit compagnies d'infanterie, deux escadrons de cavalerie, et une batterie servie par des canonniers à cheval. Il fut appelé légion d'Alorne, du nom d'Alorne qui le commandait.

Les colonies avaient leur état militaire distinct des troupes d'Europe. Un corps spécial, *brigada real da marinha*, formait la garnison des vaisseaux.

Nous avons parlé de la milice. Cette armée subsidiaire consistait en quarante-huit régimens d'un bataillon, connus sous le nom des districts dans lesquels ils étaient levés.

Des hommes considérables, pris parmi ceux qui résident sur leurs propriétés, commandaient les régimens de milice. L'État équipait les miliciens, les armait et leur assurait des priviléges locaux très-recherchés par les paysans. Les miliciens s'habillaient à leurs frais. Ils n'étaient payés qu'en service, et à l'exception des revues annuelles, on ne les rassemblait que pour des circonstances extraordinaires.

Les escadrons de cavalerie avaient quatre compagnies de quarante-huit hommes; ce qui n'était pas bon, car la troupe appelée à former unité dans les manœuvres, ne doit pas être coupée en quatre pour le service habituel. Bien que certains régimens portassent le nom de dragons, la cavalerie était d'une seule espèce, montée sur des chevaux de taille inégale, cuirassée par devant, armée de fusils et dressée à combattre à pied. Les Portugais ont bonne grâce et sont fermes à cheval. Le complet des douze régimens à quatre escadrons chacun eût donné près de dix mille chevaux. Il n'y en eut jamais plus de quatre mille cinq cents à l'effectif, tous nés dans le pays, et il eût été difficile d'en réunir un plus grand nombre, car on élève peu de gros bétail sur les rochers du Portugal, et dans tous les temps, le gouvernement espagnol a pris des mesures sévères pour empêcher l'extraction de ses belles races de chevaux hors de son territoire.

Les quatre régimens d'artillerie avaient leurs établissemens permanens au fort de Saint-Julien, près de Lisbonne, à Viana, dans la province du Minho, à Elvas et à Faro dans les Algarves. Ils étaient composés de dix compagnies, savoir : une de bombardiers, une de sapeurs, une de mineurs, et sept de canonniers. Les sergens et les cadets subissaient un examen avant de devenir officiers. Le service du personnel n'était pas centralisé, et chaque régiment suivait des méthodes particulières. Il y avait confusion dans le matériel des places, à cause de la multiplicité des calibres. L'artillerie de bataille devait être peu nombreuse dans un pays où les neuf dixièmes des grands chemins sont impraticables aux voitures. Pas une bête de somme n'avait destination de traîner les canons, tandis que la cour employait deux mille mules pour ses transports. On se proposait, si l'on entrait en campagne, de faire faire le service du train d'artillerie par des hommes et des animaux de louage.

Le corps royal des ingénieurs faisait le service dans le royaume et aux colonies. Il était composé de cent quarante officiers de tout grade. Pour y entrer, il fallait faire preuve de connaissances, acquises en suivant les cours complets de hautes sciences aux académies royales de fortification et de marine. On confiait aux officiers de génie l'enseignement dans les chaires d'art militaire et de mathématiques, le lever des cartes et les reconnaissances, les travaux civils des ponts et chaussées, et jusqu'à l'intendance des bâtimens de la couronne. Il se trouvait parmi eux un bon nombre de sujets capables, mais presque étrangers à la profession d'ingénieurs militaires. Où l'auraient-ils apprise? C'était chose convenue en Portugal, depuis plus d'un siècle, qu'on ne s'occuperait que de deux places de guerre, Almeïda, située par-delà la frontière naturelle du Portugal, et Elvas, qui n'est sur aucun des chemins par lesquels une armée peut venir à Lisbonne sans passer le Tage. Les autres forteresses, celles même dont l'érection avait été impérieusement commandée par leur emplacement aux principaux débouchés de la frontière, telles que Chaves, Castello-Branco, Abrantès, étaient condamnées à tomber de vétusté, sans qu'on daignât jamais relever un pan de leurs murailles. Quelques anciens châteaux avaient pour garnison des compagnies de canonniers invalides, appelés *pese de castello*. Les noms de tant de tours à demi écroulées et de batteries sans canon, n'étaient mentionnés qu'aux patentes de quelques vieillards décrépits qu'on y envoyait avec le titre pompeux de gouverneurs.

Aucune troupe en Europe ne recevait une solde plus modique que les soldats de Portugal, et encore la volait-on avec impudence, surtout dans la cavalerie, où les compagnies étaient au compte des capitaines. Il n'existait dans l'établissement, ni commissariat des guerres, ni aucun corps d'administrateurs qui fût spécialement chargé de veiller au bien-être des soldats. Les agens de la trésorerie, *thesourarias geraes das tropas*, devaient vérifier la légalité des paiemens qu'ils effectuaient; et des officiers généraux inspecteurs venaient de loin en loin examiner la gestion des régimens. C'étaient les deux seules espèces de contrôle qui pesassent sur les colonels et sur les capitaines.

Quant aux dépenses générales de l'armée, une junte, qui avait ses agens dans les provinces, *junta da direccao geral dos provinsentos das municoes de boca para o exercito*, achetait et distribuait aux troupes le pain et les autres provisions de bouche. Une autre junte, *junta da real fazenda*, régissait les travaux de l'artillerie, et confectionnait l'habillement, l'équipement et différentes parties de l'armement. Plusieurs objets essentiels, entre autres les fusils, venaient de l'Angleterre. Les troupes de toute arme étaient habillées en bleu. Elles se tenaient mieux et avaient meilleur air que celles d'Espagne. Le service militaire de santé faisait partie des attributions du protomédicat, *real junta do protomedicato*. Les chirurgiens de régimens n'étaient que d'ignorans manipulateurs, auxquels la loi ne permettait pas d'exercer de fonctions médicales, excepté dans le cas où aucun médecin civil ne se serait trouvé à portée de leurs garnisons.

Le Portugal est le pays des assemblées, *juntas*, qui ne s'assemblent pas, et des conseillers qui ne donnent pas de conseils. Ce n'est pas seulement sur le service permanent qu'une fainéantise avide élève son échafaudage d'emplois, de bureaux, de salaires, elle s'attache à de simples projets que le gouvernement accueille. La construction d'un pont, le desséchement d'un marais, l'encaissement d'une rivière, fournissent l'occasion de prodiguer le trésor public à une foule d'individus qui ne manquent jamais de se présenter pour diriger ou surveiller les travaux. Ainsi, dans le département de la guerre, on proposa un jour de réformer le Code pénal de l'armée, et de donner une organisation nouvelle aux haras du royaume. A l'instant parut une junte *ad hoc*, composée de vingt grands seigneurs ou personnages en crédit, *junta do Codigo penal militare e melhoramento das caudelarias do reino* : le code ne fut pas refait, ni les haras régénérés.

Le conseil de guerre, institué par Jean IV, en 1643, et composé de chefs militaires et de magistrats, était chargé, dans l'origine, de gouverner l'armée et d'y administrer la justice. Il n'est resté aux conseillers d'attributions réelles que le jugement des officiers généraux, et la révision des procédures militaires. Un auditeur, pris dans la classe des juristes, était attaché à chaque régiment stationnés à Lisbonne. Dans les garnisons, l'information et la poursuite des délits commis par les soldats, étaient confiées aux juges civils. Plusieurs chapitres du règlement de service de 1763 sont consacrés à la formation, et à la tenue des conseils de guerre de régiment. Le Code pénal militaire appelé autrement articles de guerre, *artigos de guerra* était sévère ; mais les mœurs nationales ont été plus puissantes que les lois. La justice marchait à pas lents ; et en dépit de l'éternelle menace des coups de plat de sabre, de l'arquebusade et de la potence, la discipline intérieure péchait plutôt par l'indulgence que par la sévérité.

Les soldats portugais seraient devenus excellens dès qu'on l'aurait voulu ; on pouvait aussi sans grande difficulté former des officiers passables, mais les chefs ne valaient rien. L'état entretenait une soixantaine de maréchaux, lieutenans-généraux, maréchaux de camp et brigadiers. Le duc de la Foës, comme maréchal général près la personne du souverain, *marechal general junto a real pessoa*, ouvrait la liste. Plusieurs noms de Fidalgues y figuraient pour la forme. Un lieutenant-général, déjà avancé en âge, Joao Dordaz, avait l'inspection générale de la cavalerie, et le peu que cette arme valait, était dû à ses soins éclairés. Les deux campagnes, en Roussillon et en Catalogne, avaient fait éclore quelques talens. On vantait l'ardeur chevaleresque du maréchal de camp, marquis d'Alorne, l'activité et la roideur de Gomez Freire de Andrade, l'esprit analytique et mesuré du colonel don Miguel Pereira Forjaz. Il restait à peine quelques vieillards du temps du comte de Lippe, hors d'état de faire la guerre. Mais avec de l'argent et des promesses, on pouvait renouveler à volonté cette école cosmopolite.

La réunion dans la même main du ministère de la guerre et de celui des affaires étrangères, donnait des facilités pour chercher des généraux au dehors. En 1796, le gouvernement fit venir, pour commander l'armée, le prince de Waldeck [1], qui avait perdu un bras au siége de Thionville. Il ne vécut pas long-temps, et fut remplacé par un comte de Goltz, Prussien, ancien secrétaire de Frédéric II. L'Angleterre donna aussi au Portugal plusieurs émigrés français. De ce nombre furent Carlet de La Rosière, qui avait servi avec distinction pendant la guerre de sept ans, sous les ordres du maréchal et du comte de Broglie, et qui passait pour l'officier d'état-major le plus instruit de l'armée royale de France, et le comte de Vioménil, qui s'était acquis quelque réputation, en trouvant le moyen de faire un peu la guerre dans un temps où les hommes placés sur la même ligne que lui ne la faisaient pas du tout [2].

---

[1] Waldeck, homme aimable, venait en Portugal pour refaire ses finances.

[2] Mais, par une conséquence de son âge et de sa

On créa pour La Rosière la place de quartier-maître général de l'armée. Vioménil reçut le titre de maréchal; mais, contrarié par des intrigues d'armée et de cour, il se hâta de quitter le royaume pour n'y plus reparaître. D'autres émigrés moins importans, avaient précédé ou accompagné les deux officiers généraux. Chacun arrivait ivre de l'espoir de recommencer Schomberg et Lippe. Cependant, la noblesse portugaise les prenait en dédain comme des aventuriers. Les officiers étaient jaloux de ce qu'on accordait à ces intrus des appointemens doubles de ceux qu'on payait aux nationaux[1]. Le soldat, épilogueur de sa nature, se moquait des chefs qui estropiaient sa langue. Il ne fallait pas six mois pour éteindre l'enthousiasme, et désappointer

position, il avait cessé de la faire depuis qu'on la faisait beaucoup.

[1] On donnait aux étrangers les appointemens doubles, parce que la solde du pays était absurdement faible, et ensuite pour leur tenir lieu des récompenses établies exclusivement pour les nationaux.

les projets des nouveaux-venus. Le gouvernement portugais a tiré, à cette époque, peu de profit des militaires étrangers. On ne savait, ni s'en passer, ni s'en servir.

Une armée de quarante mille hommes, mal réglée et mal commandée, était une faible ressource dans la position difficile où s'était mis le Portugal. Dès 1797 on conçut des inquiétudes sur la destination qui serait donnée aux escadres de France et d'Espagne réunies dans le port de Brest. Après le traité de Campo-Formio, un rassemblement de troupes françaises fut indiqué au pied des Pyrénées, et dix-huit mille Espagnols, cantonnés dans la province de Salamanque et dans l'Estramadure, devaient former une armée sous les ordres de Don Joseph Urrutia, réputé le plus habile des généraux que Charles IV avait alors à son service. Pour faire face au danger, le corps auxiliaire à la solde de l'Angleterre reçut des renforts qui le portèrent à dix mille hommes. La cour de Portugal envoya sur les frontières de Beïra et d'Alentejo quelques régimens de plus qu'il n'y en avait auparavant. A Lisbonne, la garnison fut exercée à des manœuvres nouvelles. Le prince du Brésil y assista plus d'une fois en uniforme. Voir au milieu des soldats et revêtu de leur habit un souverain qui jusqu'alors n'avait été aperçu qu'entouré de moines ou de Fidalgues, parut aux observateurs un signe d'hostilités imminentes.

On se souvient encore de la terreur que l'armement de Toulon, au commencement de l'année 1798, répandit parmi les ennemis de la France. Le cabinet de Lisbonne en eut sa part. Il craignit de voir arriver sur un littoral allongé, peu défendu, facilement abordable, l'élite des conquérans de l'Italie et Bonaparte. On ne fut rassuré que lorsqu'on apprit que l'armée expéditionnaire avait débarqué en Égypte. Les opérations maritimes et militaires de la Méditerranée absorbèrent l'atten-

tion du cabinet britannique. Il fit partir de Lisbonne une partie du corps auxiliaire pour l'employer au siége de Malte. Une escadre portugaise aux ordres du marquis de Niza se montra dans les eaux d'Alexandrie après la bataille d'Aboukir, et agit ensuite dans la Méditerranée sous l'égide des flottes anglaises. Bonaparte ne s'était pas attendu que les Français rencontreraient là de pareils ennemis. On lit, dans un ordre du jour donné par ce général à l'armée d'Orient, ces paroles prophétiques : « Un temps viendra où la na-
» tion portugaise paiera avec des larmes
» de sang l'outrage qu'elle fait à la Répu-
» blique. »

L'EFFET de cette menace fut retardé par la guerre continentale qui éclata de nouveau au printemps de l'année 1799. La victoire s'était en allée de France avec Bonaparte; elle y revint avec lui et ce fut pour long-temps. La journée du 18 brumaire ouvrit une période féconde en bouleversemens politiques. A peu près à la même époque, le prince du Brésil s'attribua le titre de régent des royaumes de Portugal et des Algarves. Il exerçait depuis quatre ans l'autorité absolue sous le nom de sa mère; le changement actuel était seulement dans la forme. Le secrétaire d'état Scabra voulut, conformément aux anciens usages, consacrer la prise de possession de la régence par une solennité à laquelle les trois ordres du royaume participeraient par leur acceptation et leurs sermens. Cette proposition pouvait mener loin; elle fut traitée de séditieuse, et Scabra renvoyé du cabinet. Son porte-feuille passa à Luiz Pinto, qui remit la guerre au duc de Lafoës, et les affaires étrangères à Don Joao de Almeida. Après la mort du marquis de Ponte de Lima, Don Rodrigo de Souza avait eu les finances. Joao Rodriguez de Sa, vicomte d'Anadia, succéda à ce dernier dans le département de la marine et des colonies.

Bonaparte ne tarda pas à se trouver en

mesure de dicter la paix sur le continent. Le traité de Lunéville venait à peine de régler le sort de l'Allemagne, que le désir d'une pacification universelle tourna les regards du premier consul du côté du Portugal. Envahir ce pays, c'était frapper l'Angleterre dans la portion la plus accessible de ses domaines. Une convention fut conclue à Madrid entre le gouvernement de la République et sa majesté catholique, pour contraindre le Portugal à se séparer de son allié. Les ports de ce royaume, et un quart du territoire, devaient être occupés par les troupes françaises et espagnoles, jusqu'à la paix maritime. Les hautes puissances contractantes protestaient n'avoir en vue que l'indépendance et le bonheur des Portugais.

Le 27 février 1801, parut la déclaration de guerre de l'Espagne. Les troupes étaient déjà en mouvement vers la frontière. Un corps de dix mille hommes fut destiné, par le cabinet de Madrid, à tenir la défensive en Gallice.

L'armée principale devait avoir quarante mille hommes. Elle se rassembla aux environs de Badajoz. Dans le même temps, un corps auxiliaire de quinze mille Français, aux ordres du général Leclerc, beau-frère de Bonaparte, passa les Pyrénées, et traversa le nord de l'Espagne. Il prit ses cantonnemens autour de Ciudad-Rodrigo, et le long de la frontière, jusqu'à Zarza-la-Mayor.

Le Portugal était seul pour tenir tête à l'orage. Du corps à la solde anglaise, qui avait occupé Lisbonne et les forts du Tage, il restait quatre faibles régimens d'infanterie émigrée, savoir : *Dillon*, *Castries*, *Mortemart* et *Loyal-Émigrant*, quelques pièces de canon et un détachement du vingtième de dragons légers britanniques, le tout commandé par le général Frazer. C'était, avec un subside de trois cent mille livres sterling, l'unique secours qu'on eut à attendre de l'Angleterre. Le prince régent annonça à ses sujets, dans une proclamation datée du 26 avril, que la France et l'Espagne lui avaient adressé des propositions humiliantes, et qu'il fallait se mettre en état de repousser une injuste agression. Il mit les milices en campagne, et invita les habitans à former des corps francs. On composa, avec quelques régimens de ligne et la milice d'Entre-Duero-et-Minho et de Tras-os-Montes, une armée pour la protection des provinces du nord. Dans le midi, le maréchal-de-camp, comte de Castro-Marim, grand-veneur de Portugal et capitaine général des Algarves, fut chargé de garder avec deux bataillons d'infanterie de ligne et les milices, cette province qui a le titre de royaume.

La grande armée agissante, forte de trente mille hommes, et commandée par le duc de Lafoës, premier ministre, s'établit à cheval sur le Tage, ayant les trois quarts de son monde à la rive gauche du fleuve, en face des principales forces espagnoles. Le reste, placé à la rive droite, devait observer le corps auxiliaire français; la légion de troupes légères fut cantonnée dans les villages du plateau de Guarda. On jeta deux ponts de bateaux sur le Tage, à Abrantès, et on organisa un passage en barques, à Villa-Velha de Rodao, pour servir à la communication des troupes entre elles.

Les armées étaient en présence ; mais le ministre Pinto avait été envoyé à Badajoz, et plusieurs personnes, dans les deux camps, croyaient qu'il ne serait pas brûlé une amorce. Le chef des Portugais accréditait cette opinion. Ses longs voyages à l'étranger avaient affaibli en lui l'exaltation nationale qui, chez ses compatriotes, va jusqu'à l'engouement. Constamment opposé à la guerre contre la France, et ayant passé de plus d'un demi-siècle l'âge des illusions, le duc de Lafoës attendait dans un repos philosophique à son quartier-général de Portalègre, l'issue des négociations. A quatre-vingt-deux ans, il est permis au plus brave de ne pas désirer la guerre. « Pourquoi nous » battre ? » disait le vieillard pétillant d'esprit et de gaieté à un des principaux officiers de l'armée espagnole, don Francisco Solano, qui avait une conférence avec lui. « Pourquoi » nous battre ? Le Portugal et l'Espagne sont » des mulets de charge. L'Angleterre nous a » lancés. La France vous aiguillonne. Sau- » tons, agitons nos clochettes, s'il est néces- » saire; mais au nom de Dieu, ne nous fai- » sons pas de mal. On rirait trop à nos dé- » pens. »

C'était aussi à peu près l'avis de Charles IV. Il était venu à Badajoz avec la reine et l'ambassadeur de France, Lucien Bonaparte, frère du premier consul. Lucien pressait pour qu'on commençât les hostilités ; mais le roi, dont la fille aînée était femme du prince régent de Portugal, ne songeait nullement à détrôner son gendre ; tout au contraire, il avait à cœur de se débarrasser le plus tôt possible du corps auxiliaire français. Une volonté plus puissante que celle du monarque mit obstacle à un arrangement pacifique. Don Manuel Godoy, prince de la Paix, amant de la reine, commandait en chef l'armée d'opération. Il lui était venu une fantaisie de gloire militaire, et l'on ne pouvait pas trouver une occasion plus favorable d'en obtenir à bon marché.

Le 12 mai 1801, les Espagnols débouchèrent de Badajoz. Un corps se porta sur Olivença et un autre sur Jerumenha. Ces deux places, situées, l'une à gauche et à cinq quarts de lieue du Guadiana, l'autre sur la rivière même, se rendirent sans qu'on tirât une volée de canon. Elvas fut sommé. Le lieutenant-général portugais, don Francisco Xavier de Noronha, fit la réponse qu'on devait attendre du gouverneur d'une bonne place, dont la garnison montait à neuf mille hommes de troupes de ligne ou de milices, et qui communiquait avec l'armée et le pays. Le gros des forces espagnoles, sous la conduite du prince de la Paix, vint sur la Caya, ruisseau qui sépare les deux royaumes. Une reconnaissance parut devant Campo-Major. Mathias Jose Dias Azédo commandait dans la place. Il parut disposé à se défendre ; les colonnes de gauche de l'ennemi se rabattirent sur leur droite, et Campo-Major fut investi.

L'aile droite de l'armée portugaise sous les ordres du vieux général Forbes, le même qui avait fait la campagne de Roussillon, était composée de trois divisions d'infanterie, et bordait la frontière de l'Alentejo depuis les environs de Jerumenha jusque près de Montalvao, sur le Tage. Une avant-garde de grenadiers et de chasseurs, commandée par le brigadier Bernardin Freire de Andrade, qui passait pour homme d'exécution, campait dans la vallée de Porto de Espada, en face du débouché de Valencia de Alcantara, et avait derrière elle la cavalerie du royaume réunie presque en entier sous les ordres du maréchal de camp baron de Carovey, émigré français. La division étrangère du général Frazer était placée en réserve à Crato.

Le mouvement des Espagnols ne fit pas bouger le duc de Lafoës de Portalegre ; il replia la division de sa droite débordée par la prise de Jerumenha, et porta la cavalerie à Alegrète, et l'avant-garde derrière Arronchès. Cette petite ville fut occupée par le deuxième régiment d'Olivença, et on couvrit ses approches par quelques grand'gardes de troupes à cheval.

Cependant l'ennemi faisait le siége de Campo-Major, qui se rendit après neuf jours de feu. Le 27 mai, les maréchaux de camp, Don Manuel de la Pena et le marquis de Mora, se portèrent sur Arronchès avec six mille Espagnols. C'était une simple reconnaissance. Les autres divisions et le quartier-général de l'armée n'avaient pas fait de mouvement. Don Jose Carcome Lobo, colonel du second régiment d'Olivença mit sa troupe en bataille en avant de la ville. Les Espagnols plus nombreux arrivèrent sur les flancs; il craignit d'être tourné et abandonna Arronchès. La cavalerie de Carovey vint au secours. Un escadron détaché en avant accrocha, dans une conversion rapidement exécutée, l'extrémité d'un bataillon. On lâcha pied de toute part, et les grenadiers de Bernardin Freire comme les autres.

Les fuyards s'arrêtèrent à Alegrette, mais la terreur et le désordre allèrent beaucoup plus loin. Le 28 au matin, les camps et les cantonnemens étaient bouleversés. Quoique les Espagnols fussent restés à Arronchès, chacun croyait les avoir sur les talons. Un brouillard épais donna lieu à des méprises fâcheuses. Des patrouilles se tirèrent des coups de fusil dans la plaine, derrière Portalègre. Le duc de Lafoës ordonna la retraite par Alpalhao, sur Gaviao, où l'armée se réunit le 29 et le 30.

La précipitation du mouvement fit abandonner des magasins considérables formés à Niza, petite ville à deux lieues du Tage et à Flor da Roza, près de Orato. Joao Dordaz, qui commandait la gauche de l'armée, partit sur-le-champ de Castello-Branco avec quatre mille hommes, les établit sur les hauteurs de Villa-Velha, et fit rentrer les denrées amassées à Niza, où l'ennemi ne s'était pas encore présenté.

Le succès de cette opération donna envie au duc de ravoir son magasin de Flor da Rosa. Il envoya un détachement qui fut surpris et emmené prisonnier par la cavalerie espagnole peu d'heures après être entré dans le village. Ce nouvel échec détermina le général en chef à rentrer à Abrantès. La brigade étrangère y avait été envoyée d'avance pour garder les ponts. Les Portugais passèrent le Tage le 8 juin, et campèrent entre la ville et le fleuve. Ce rassemblement ne méritait pas le nom d'armée. On y comptait à peine dix mille hommes, tous mécontens et démoralisés. Les soldats avaient jeté leurs fusils pendant et après la fuite d'Arronchès; et comme les régimens tiraient pour la plupart leurs recrues de l'Alentejo, il s'en était débandé une forte partie qui n'avaient pas voulu abandonner leur pays natal.

Il ne se passa rien d'intéressant dans le

reste du royaume. Les troupes ennemies, rassemblées à Ayamonte, près de l'embouchure du Guadiana, tirèrent des coups de fusil et des coups de canon d'un bord à l'autre, et firent une tentative infructueuse pour passer la rivière. Au nord, les deux armées opposées étaient commandées par deux émigrés français, savoir : celle d'Espagne par le marquis de Saint-Simon, et celle de Portugal par le marquis de la Rosière. Entre adversaires désintéressés sur le fond de la querelle, il n'était pas à craindre que la guerre prît un caractère bien féroce. Saint-Simon borna ses combinaisons militaires à faire monter la garde sur le bord du Minho. On avait prescrit à la Rosière de se concentrer en dedans des chaînes de Gerez et de Marao; il prit sur lui de continuer à occuper le Tras-os-Montes, et, par sa résistance à un ordre timide, il crut avoir sauvé le Portugal. Le maréchal de camp Gomez Freire était quartier-maître général de cette armée. Il voulut tenter un coup de main sur Monterey, petite ville espagnole où on supposait que la garnison se gardait mal. Il partit un soir de Chavès, qui en est à cinq lieues, à la tête d'un fort détachement d'infanterie et de cavalerie. On fit fausse route pendant la nuit, et quand on s'aperçut de l'erreur, il n'était plus temps de la réparer. Gomez Freire rentra à Chavès, sans être suivi plus loin que la frontière. On eût pu croire que les grands coups seraient portés dans le Beïra. Les Portugais étaient là en présence de leurs plus redoutables ennemis; mais le premier consul n'avait montré ses troupes que pour forcer les Espagnols à entrer en campagne. Les Français ne sortirent pas de leurs cantonnemens. Lorsque Joao Dordaz apprit l'invasion du territoire par le prince de la Paix, il porta son quartier-général d'Idanha-Nova à Castello-Branco; il vint ensuite, ainsi que nous l'avons dit, à Villa-Velha. Le marquis d'Alorne ne trouvant pas d'aliment à son activité, se mit à bâtir un fort casematé à mille toises au sud de Guarda, et fit ouvrir un chemin sur la crête des montagnes entre la Cova da Beïra et Abrantès.

Le 6 juin, pendant la retraite de l'armée du duc de Lafoës, et peu de jours après que Campo-Major s'était rendu, la paix fut signée à Badajoz, entre l'Espagne et le Portugal. La cour de Lisbonne s'engagea à fermer ses ports aux vaisseaux anglais. Elle fit des sacrifices d'argent, et abandonna la ville et le territoire d'Olivença jusqu'au Guadiana. L'Espagne trouvait, dans cette acquisition, l'avantage de débarrasser sa frontière d'un foyer de contrebande : tout fut réglé avec l'assentiment et sous la signature de l'ambassadeur de France.

Mais le premier consul désapprouva ce que son frère avait fait. La France et l'Angleterre traitaient alors de la paix du monde. Un arrangement séparé avec le Portugal ne pouvait qu'entraver la marche des négociations. Il importait à la cause commune que l'Espagne s'emparât de tout le pays au midi du Tage, pour ensuite obtenir en échange les colonies perdues depuis le commencement de la guerre. Le chef de la République refusa de ratifier le traité de Badajoz. Les journaux français annoncèrent que trente mille hommes de plus allaient passer les Pyrénées pour se réunir à l'avant-garde, commandée par Leclerc, et que la commission d'envahir le Portugal serait confiée à Gouvion Saint-Cyr. Cet officier-général jouissait d'une réputation de prudence consommée. Bonaparte l'avait envoyé en Espagne, avant les hostilités, pour accompagner le prince de la Paix et diriger les opérations de cette guerre.

Dans l'état de dénûment où était la nation portugaise, les Français seraient arrivés à Lisbonne sans grands obstacles. Le prince régent envoya à Abrantès, pour prendre le commandement des troupes et les réorganiser, le maréchal de Goltz, qui n'avait pas été employé activement jusqu'alors. Le duc de Lafoës perdit ses emplois et ses dignités, et on lui fit défendre de paraître à la cour[1]. Il fallait bien rejeter sur quelqu'un la responsabilité des fautes commises. Le nouveau général en chef fit faire aux Portugais dans le pays, à la rive droite du Tage, des marches et des contre-marches qui déplurent beaucoup, parce qu'elles étaient fatigantes, et qu'on n'en devinait pas les motifs. Cependant, le corps du général Leclerc restait toujours immobile. Le chevalier d'Araujo, envoyé par mer en France, pour traiter directement avec le premier consul, s'était présenté devant le port de Lorient, et n'avait pas

---

[1] On trouva un matin affiché dans les rues de Lisbonne un placard conçu en ces termes : « Ils s'est » perdu, entre Pontalègre et Abrantès, un enfant de » quatre-vingt-deux ans environ, avec une botte de » velours noir. On prie ceux ou celles qui le trouve- » ront de le ramener au bureau des annonces. »

Le duc de Lafoës se servait de guêtres de velours à cause de la goutte qui le faisait beaucoup souffrir. Ses bons mots avaient long-temps fait le désespoir de tous ceux qui, en Portugal, se mêlaient de gouverner. Depuis qu'il était devenu malheureux, on le punissait par où il avait péché.

obtenu la permission de débarquer. Mais les négociations continuaient à Madrid, sous la médiation du roi d'Espagne.

Le 29 septembre 1801, les plénipotentiaires, Lucien Bonaparte de la part de la France, et Cypriano Ribeiro-Freire de la part du Portugal, signèrent à Madrid la paix entre les deux États. Par un article secret du traité, la cour de Lisbonne s'engageait à payer la somme de vingt-cinq millions de francs au gouvernement français. Par les articles patens, elle fermait ses ports aux vaisseaux de l'Angleterre; elle acceptait en Amérique des limites fixées à l'avantage du plus fort; elle admettait pour base d'un traité de commerce à conclure très-prochainement, l'introduction des draps français en Portugal, sur le pied des nations les plus favorisées. Ces conditions onéreuses furent modifiées ou détruites par les préliminaires de paix entre la France et l'Angleterre, qui furent signés à Londres, deux jours après le traité de Madrid. L'article secret, relatif aux contributions, reçut son exécution complète.

Nous avons rapporté certaines particularités de la campagne de 1801, non que de pareils détails offrent le moindre intérêt sous le rapport de la science de la guerre; mais il était utile d'arrêter l'attention du lecteur sur l'insignifiance du déploiement des forces régulières de l'Espagne et du Portugal, à une époque voisine de la catastrophe, commune à ces deux monarchies. La cour de Lisbonne, regardant l'agression des Espagnols comme un jeu, avait négligé de réparer et d'approvisionner les forteresses. Jerumenha, si important à cause du passage du Guadiana, était gardée par une compagnie de soixante chasseurs. Dans Olivença, place à neuf bastions, il n'y avait sur les remparts que six canons en état de servir.

Pendant la courte durée des hostilités, les chefs militaires firent preuve d'ignorance, et les troupes qui furent engagées combattirent avec peu de vigueur. Même à Campo-Major, dont on a vanté la résistance, le gouverneur capitula sans que les assiégeans eussent ouvert la tranchée; et le jour de la reddition de la place fut un signal de réjouissance pour la garnison. Il n'entra en campagne que moitié à peu près de la milice, faute de fusils pour armer tout le monde. Pas une main patriote n'empoigna la pique des ordonnances, le *chuço* tant redouté jadis par les envahisseurs ; au contraire, les paysans de l'Alentejo restèrent dans leurs maisons pour héberger les soldats espagnols. L'espoir de la paix avait frappé le gouvernement d'une imprévoyance apathique qui se communiqua à la multitude. Cependant, un peuple et une armée n'encourent pas impunément le mépris des autres peuples et des autres armées. Les Français avaient appris le chemin qui mène de leur pays en Portugal. Ils devaient le retrouver quand il en serait temps.

Pinto reçut, après la signature du traité de Badajoz, le titre de vicomte de Balsemao, et fut le chef nominal du cabinet. Don Rodrigo en était l'âme. Sur lui, comme secrétaire d'État des finances, pesait le plus lourd fardeau. Il avait trouvé, en prenant ce ministère, le trésor obéré et un papier monnaie en circulation. Pour couvrir les dépenses de la guerre et la contribution de la paix, il se vit obligé de négocier un emprunt en Hollande. Les diamans de la couronne furent engagés en nantissement de cette dette. On inventa des taxes extraordinaires. Ni la noblesse, ni le clergé, n'en furent exempts. Le ministre osa même porter la main sur les biens des orphelins, des absens, sur le fonds provenant des successions en litige, et substituer dans toutes les caisses le papier au numéraire: donnant par-là un pernicieux exemple à ceux qui devaient plus tard puiser aux mêmes sources avec des vues moins désintéressées.

On rapporte à cette époque la conception du projet de transférer la cour de Portugal au Brésil. C'est une opinion reçue parmi les hommes éclairés sur ce point d'histoire, que les mesures financières de Don Rodrigo avaient pour principal objet de se procurer et rendre disponible entre les mains du souverain, pour une éventualité quelconque, une forte partie du numéraire métallique, existant dans le royaume. Pourquoi répugnerait-on à croire qu'un ministre, dont l'habileté n'est pas contestée, prévoyait que son prince faible et désarmé, serait écrasé tôt ou tard par l'action réciproque des deux colosses qui se disputaient le monde ? D'ailleurs, la pensée de chercher, pour les souverains de la Péninsule, un refuge au-delà des mers n'était pas nouvelle. Elle avait pris naissance dans la tête de notre immortel Vauban qui la suggéra à Philippe V, après la levée du siége de Barcelone ; en 1706, Don Luiz da Cunha, ambassadeur de Portugal en France, vers le milieu du siècle dernier, l'appropria à la situation particulière de son souverain, et chercha à démontrer que la translation du siége du gouvernement en Amérique, serait avantageuse à la monarchie. On s'en souvint lors du tremblement de terre de Lisbonne. On en parla encore à l'ouverture de la campagne de 1762. Le projet pouvait être défendu de jour en jour avec plus d'avantage, parce que le Brésil, croissant en population et en richesse, acquérait chaque jour une plus grande importance parmi les États soumis au sceptre de la maison de Bragance.

Il n'est pas de notre sujet d'examiner s'il convient à une nation que son souverain porte plusieurs couronnes, ni jusqu'à quel point dépend du bon plaisir du monarque, le choix du lieu où il fixera sa cour. Les Brésiliens et les Portugais, formaient un même peuple coupé en deux par l'Océan. On pouvait sans crime considérer l'Amérique comme un refuge, mais pour un avenir éloigné, et seulement après la dernière épreuve et le dernier combat. C'eût été un noble spectacle que celui d'un chef de nation, défendant avec les ressources du talent et l'énergie du désespoir l'héritage de ses aïeux, et, lorsque les débris de la patrie auraient été acculés à la mer, arrivant aux vaisseaux à travers l'embrasement de Lisbonne, pour aller préparer la vengeance sur une terre encore nationale, et reporter à leurs foyers dans des jours meilleurs ses pénates mutilés.

Tout en contemplant dans le lointain le Portugal d'Amérique, Don Rodrigo ne négligeait pas l'amélioration du Portugal d'Europe. Lisbonne lui est redevable de l'établissement d'une garde de police et de l'éclairage des rues. Ses opinions et ses plans étaient appuyés dans le conseil par Don Joao de Almeida, qui, après la disgrâce du duc de Lafoës, avait, suivant l'usage, réuni le portefeuille de la guerre à celui des affaires étrangères. Don Joao ne manquait pas d'habileté, mais il était d'un tempérament nerveux; plein de préventions, et sujet à des bouffées alternatives d'irritation et d'abattement. La campagne de 1801 avait appris combien peu le Portugal devait faire fond sur l'armée. On proposa, et le ministre adopta une nouvelle

Tome II.
Pages 111 et 112.

organisation, son plan embrassait le recrutement qui devait être basé sur un recensement exact de la population, et purgé des abus qui, en Portugal plus qu'ailleurs, empoisonnent les institutions les plus salutaires, en outre la refonte des milices, la mise en harmonie du système des ordonnances avec le service des troupes de ligne, l'introduction des manœuvres usitées chez le peuple qui a poussé le plus loin la science des armes ; en un mot, toutes les branches de la constitution militaire. Ce travail reparti, pour la rédaction, entre un certain nombre d'officiers capables, allait être mis au jour, lorsque le ministère fut renversé.

La paix d'Amiens n'avait été qu'une suspension d'armes entre l'Angleterre et la France. Le premier coup de canon qui fut tiré sur mer recommença les embarras de la cour de Lisbonne, elle voulut d'abord se replacer sous l'égide accoutumée à la protéger; mais avant de prendre des engagemens, les ministres britanniques envoyèrent en Portugal des officiers instruits pour examiner l'armée et faire un rapport sur la coopération que pourraient en attendre les forces anglaises qu'on emploierait à la défense. Pendant ce temps, et pour effrayer toute la Péninsule, un corps de troupes de quinze à dix-huit mille hommes, fut rassemblé à Bayonne, sous les ordres du général Augereau. Les démonstrations de la France, et les tergiversations de l'Angleterre déterminèrent le prince régent à se renfermer dans les bornes d'une stricte neutralité. Ce n'était pas assez pour le premier consul; suivant sa politique, la continuation des relations commerciales d'un état du continent avec la Grande-Bretagne, équivalait à un état d'hostilité déclarée. Il demanda que le Portugal fermât ses ports aux vaisseaux anglais, ainsi qu'il avait été stipulé dans les traités de Badajoz et de Madrid. Le général Lannes, son représentant à Lisbonne, présenta à ce sujet des notes menaçantes, que rendait plus menaçantes encore la brusquerie de l'ambassadeur. Ce loyal guerrier, peu familier avec les formes de la diplomatie, combattait les Anglais et leurs auxiliaires dans le cabinet, avec le même emportement qu'il eût mis à les attaquer sur un champ de bataille. Or, Don João de Almeida, qui était arrivé au ministère par l'ambassade de Londres, était regardé comme le coryphée du parti opposé à la France. Sur le refus que fit Lannes de traiter avec lui désormais, refus accompagné d'une demande formelle pour que les ports fussent fermés à l'instant aux vaisseaux de l'Angleterre, le prince régent retira le portefeuille à son ministre. Le renvoi de Don João fut suivi de la démission de Don Rodrigo de Souza. Dans le mois de septembre 1803, le Portugal s'engagea de payer à la France un million de francs par mois tant que durerait la guerre maritime.

Luiz Pinto, vicomte de Balsemao, mourut en 1804. Il ne resta plus de l'ancien ministère que le vicomte d'Anadia, personnage insignifiant. Don Rodrigo et Don João furent remplacés; l'un aux finances par Luiz de Vasconcellos e Souza qui administra d'abord avec le titre de président du trésor royal, l'autre aux affaires étrangères et à la guerre par Antonio de Araujo Azevedo, qui rapportait de sa longue carrière diplomatique sur le continent de la modération, du liant et un goût exquis pour la littérature et les beaux-arts. Don Diego de Noronha, comte de Villaverde, fut secrétaire d'état de l'intérieur, avec le titre de premier ministre. Ce Fidalgue, déconsidéré même parmi ceux de sa classe à cause du désordre de sa vie, exerça pendant deux ans sur l'esprit du prince régent un ascendant qu'aucun autre ministre n'avait encore obtenu.

Le crédit du comte de Villaverde fut balancé quelque temps par une autre influence beaucoup plus surprenante. Depuis la signature du traité de neutralité, l'ambassadeur Lannes avait gagné la bienveillance particulière du régent de Portugal, et il a prouvé depuis qu'il la méritait. Ces rapports nouveaux ne firent qu'inspirer au prince une plus grande défiance de lui-même. Dès que la France eut repris les formes de la monarchie, il s'empressa d'envoyer un ambassadeur extraordinaire saluer l'empereur Napoléon. Précisément à cette époque, la guerre éclata entre l'Angleterre et l'Espagne. Lannes avait quitté l'ambassade. Il fut remplacé par le général Junot. La cour de Lisbonne satisfaisait avec ponctualité à ses engagemens, et, quoique toujours attachée aux Anglais par la communauté des intérêts, elle était courbée ostensiblement sous le joug de la France.

Dans cette attitude de résignation, on en vint à considérer la force militaire comme un attirail inutile. C'est bien assez, disait-on dans les conseils du gouvernement, de payer des subsides à la France, sans encore entretenir à grands frais une armée qui ne doit pas combattre et qui peut attirer le danger. Le chevalier d'Araujo reprit en sous-œuvre dans les projets de son prédécesseur les détails qui avaient le moins d'importance. Il numérota les régimens et changea l'uniforme. L'armée fut formée en trois grandes divisions du nord, du centre et du sud, dans lesquelles se correspondirent l'infanterie et la cavalerie perpétuellement embrigadées, les écoles d'artillerie, les régimens de milice et les brigades d'ordonnances. Le ministre fit faire des inspections qui diminuèrent l'effectif des corps. Vu la pénurie des finances, il fut agité si on ne réduirait pas l'établissement au nombre de soldats strictement nécessaires pour la police intérieure du royaume.

Cependant les armées conquérantes de Napoléon ravageaient l'Allemagne en attendant que le tour du Portugal fût venu. Le prince régent, touchant au moment où les dangers de la patrie réclameraient le développement de toutes ses facultés, fut frappé de débilité physique et d'appauvrissement moral. Il avait été dès l'enfance sujet à des vertiges. Son humeur tourna à la mélancolie. On le fit voyager, afin de le distraire, et les promenades de santé qu'il fit sur la frontière aux environs de sa maison de plaisance de Villa-Vicosa passèrent dans les journaux pour des visites de places fortes. Le mal empira au point d'obliger le malade à renoncer au cheval et à la chasse, ses exercices favoris. Vers la fin de 1805, il supprima les audiences publiques du jeudi et bientôt après celles du matin en allant à la messe et en revenant. Ce fut un sujet de douleur pour les Portugais de toutes les classes accoutumés à voir leur prince, à lui demander l'aumône et à en être accueillis avec bonté. Il devint inabordable même pour les ministres qu'il recevait mal et pour les officiers de la maison qu'il ne recevait pas du tout. On eût dit que prévoyant une séparation prochaine, il cherchait d'avance à se faire oublier de son peuple.

La maladie du régent fit éclore des espérances qui seront appelées factieuses ou patriotiques suivant l'aspect sous lequel on les envisagera.

Si le prince devenait incapable de gouverner, et l'on devait s'y attendre après l'exemple déplorable de la reine, la régence passait de droit à sa femme Charlotte de Bourbon, infante d'Espagne. Cette princesse, connue par la fermeté de son caractère, eut alors une cour de Fidalgues qui désapprouvaient la politique du gouvernement. On citait, parmi ceux qui désiraient le plus un changement, Don Thomas José Xavier de Lima, marquis de Ponte de Lima, petit-fils du ministre, Don Miguel de Assis Mascarenhas, comte de Sabugal, jeune homme plein d'élan; et à la tête de tous, Don Pedro de Almeida, marquis d'Alorne. Nous avons eu plusieurs fois l'occasion de parler de ce dernier personnage. Issu de deux familles que Pombal avait foudroyées, il se portait pour ennemi du pouvoir ministériel. Il avait voyagé, et, en voyant l'étranger, il n'avait pas appris à mépriser ses compatriotes. Doué d'un esprit vif, rencontrant quelquefois juste, entreprenant tout et ne finissant rien, poussant la piété jusqu'à la superstition, sévère de morale et dérangé dans sa maison, léger, superficiel comme un marquis français, mais croyant à la patrie, chaud de cœur et chevalier brave et loyal, Alorne retraçait dans sa personne l'abrégé des qualités et des travers de la nation portugaise. Il se chargea d'expliquer à la princesse Charlotte les lois anciennes sur la régence et de la prémunir contre des tentatives qui seraient faites pour perpétuer le pouvoir dans des mains inhabiles. Il ne manqua pas de proposer pour modèle à l'infante d'Espagne cette autre Castillane Dona Luisa Francisca de Guzman, femme de Jean IV, qui avait tant contribué par ses héroïques conseils à la restauration de la maison de Bragance. Deux hommes de loi d'un mérite distingué furent accusés d'avoir rédigé, sous l'influence du marquis, un décret qui proclamait la princesse régente du royaume.

Sur ces entrefaites, la santé du prince s'améliora. Lorsqu'il eut retrouvé assez de calme pour s'occuper des affaires, on lui raconta l'espèce de conspiration qui avait été tramée pendant sa maladie. Le marquis d'Alorne et plusieurs autres reçurent défense de paraître à la cour. Le premier ministre, comte de Villaverde, ordonna une enquête judiciaire que sa mort, survenue en ce temps-là, empêcha de terminer.

On était remis de la secousse que cette intrigue avait donnée à l'opinion. L'intérieur ne présentait plus d'occasion de trouble, ni l'extérieur de sujet de crainte, lorsque le 14 août 1806 une flotte anglaise commandée par lord Saint-Vincent parut à l'embouchure du Tage. Six vaisseaux seulement remontèrent le fleuve. Il ne pouvait pas, d'après les traités, en entrer davantage. Le comte de Rosslyn, envoyé extraordinaire, le même qui, portant le nom de Wedderburne, avait été autrefois l'un des plus ardens instigateurs de la guerre entre l'Angleterre et ses colonies de l'Amérique du nord, débarqua à Lisbonne. Admis

dans le conseil du prince régent, il annonça que c'en était fait du Portugal, qu'une armée française, réunie au pied des Pyrénées, était prête à l'envahir; que la conquête était partagée d'avance entre le roi d'Espagne et le prince de la Paix. « Ce grand projet, ajoutait-il, a été
» confié par Talleyrand à lord Lauderdale,
» chargé d'une mission diplomatique à Paris.
» Les ministres de S. M. britannique n'ont pu
» entendre de sang-froid le péril que courent
» leurs anciens alliés; ils ne perdent pas un
» moment pour venir au secours. Un corps
» d'armée de douze mille hommes, sous le
» commandement du lieutenant-général Si-
» mëoé, s'embarque en ce moment à Ports-
» mouth; il arrivera sous peu de jours à Lis-
» bonne. En attendant, le gouvernement por-
» tugais peut puiser à discrétion dans le trésor
» de l'Angleterre les sommes dont il aura be-
» soin pour préparer la défense du pays. »

La mission extraordinaire du comte de Rosslyn, la présence d'une flotte commandée par le plus habile amiral de la Grande-Bretagne, l'offre d'une armée, en un mot, tout cet empressement et cette bienveillance, reposaient sur un fond imaginaire. Le prétendu rassemblement aux Pyrénées consistait en deux bataillons italiens en garnison à Bayonne. L'empereur Napoléon, loin de penser à prendre le Portugal, se donnait alors tout entier aux préparatifs de la guerre de Prusse. Mais, pour cela même, une diversion dans le midi de l'Europe convenait à l'Angleterre; elle espérait que la présence d'un corps de ses troupes en Portugal fixerait l'irrésolution du cabinet de Madrid justement effrayé des envahissemens de la France. Cette illusion se rattachait à des combinaisons politiques que nous aurons l'occasion de développer lorsque nous traiterons de l'état de l'Espagne à cette époque. Au reste, quel que fût le succès de la tentative, les frais de l'armement ne pouvaient être perdus; il y avait assez d'autres pays où les forces de terre et de mer pouvaient être employées contre les Français.

Le prince régent, tout en protestant de sa reconnaisance pour l'amitié empressée de S. M. britannique, déclina des offres qui pouvaient le compromettre. Il ne resta au négociateur anglais qu'à déplorer l'aveuglement de la cour de Lisbonne. La flotte de lord Saint-Vincent s'éloigna. L'expédition de Portsmouth fut envoyée en Sicile.

Parce qu'on venait d'éviter un écueil, on crut en Portugal avoir sauvé le vaisseau de l'État. Depuis la reprise des hostilités entre l'Angleterre et l'Espagne, le commerce d'entrepôt de la Péninsule et d'une partie de l'Europe s'était fixé à Lisbonne. Il entrait chaque année dans le Tage cent quarante mille balles de coton, dont soixante-dix mille servaient à alimenter les fabriques de la France. Les anciens magasins ne suffisant pas pour renfermer les marchandises, on en avait construit de plus vastes sur les places et sur les quais. La ville s'agrandissait; la prospérité publique, symbole extérieur de la sagesse des conseils, semblait justifier l'imprévoyante résignation du gouvernement.

C'est ainsi que le Portugal descendait mollement dans l'abîme. Le bruit de l'Europe qui s'écroulait parvenait à peine jusqu'au solitaire palais de Mafra. Napoléon mit en interdit les îles britanniques. Cette mesure violente détruisait la neutralité de tous les États du continent. Elle détermina le gouvernement du prince régent à équiper une flotte dans le port de Lisbonne; mais l'armée resta incomplète et disséminée. Le peuple ne sut même pas que la France refusait d'admettre aux négociations de Tilsit l'envoyé de son souverain. En vain le cri d'alarme fut-il poussé du dehors. Dumouriez, ce général qui montra le premier aux Français républicains le chemin de la victoire, Dumouriez adressa de Londres à la nation portugaise un écrit[1], fort de vérité et de prévoyance, pour

---

[1] Dumouriez a, pendant l'année 1776, parcouru le Portugal dans tous les sens. Nous avons rencontré, quarante-deux ans après, au fond de la Beira-Baixa,

l'avertir de la catastrophe qui la menaçait et lui faire offre de son épée. On ne permit pas à la voix du guerrier de résonner dans l'enceinte de Lisbonne. La gazette de la cour était la seule boussole politique de la masse des habitans. Les ministres crurent qu'ils n'avaient plus de devoirs à remplir lorsqu'ils eurent pourvu

deux vieillards qui lui avaient servi de guides et qui nous ont dit avec quelle activité d'esprit le jeune officier français s'enquérait des localités et des institutions. Les observations recueillies dans ce voyage sont consignées dans un ouvrage intitulé *État présent du royaume de Portugal en* 1766, qui a été imprimé à Lausanne en 1775. Ce petit volume, malgré une foule de négligences et même quelques erreurs graves, renferme des notions précieuses qu'on pouvait considérer comme des découvertes à l'époque où elles ont paru.

En 1807, le général Dumouriez végétait à Londres, oublié de l'Europe. Il lui vint en pensée de se présenter aux Portugais pour détourner l'orage prêt à fondre sur eux. Le moment était favorable. Leurs deux maréchaux d'armée, Goltz et Vioménil, étaient absens et ne tenaient plus au pays que par la pension qu'on leur payait. Parmi les autres officiers-généraux nationaux ou étrangers au service du Portugal, il n'y

à la fuite du prince et d'une centaine de courtisans.

Un peuple livré pieds et poings liés à la

avait personne qui, par sa position et encore moins par sa réputation, pût prétendre à commander une armée en chef. Dumouriez avait soixante-huit ans, c'était bien vieux pour faire la guerre des montagnes; mais son tempérament robuste le rassurait, et il avait conservé la jeunesse de l'imagination et la verdure du talent.

Pour entrer en matière, Dumouriez fit imprimer un narré rapide des *Campagnes du maréchal de Schomberg, en Portugal, depuis l'année 1662 jusqu'en 1668*; avec cette épigraphe : *C'est au cœur que je parle et non pas à l'esprit*. L'ouvrage commençait et finissait par une philippique contre la France. Le vieux général de la révolution connaissait mieux les Portugais qu'ils ne se connaissaient eux-mêmes. Il savait ce qu'on peut faire avec une nation passionnée, sur une terre hérissée de difficultés et de places fortes, où tous les hommes sont soldats en naissant. Il prévoyait qu'un prince faible, embarrassé de faibles entours, hésiterait à prendre une détermination courageuse; mais il espérait qu'à l'approche de l'étranger, le peuple se lèverait contre les courtisans prêts à sacrifier le nom portugais.

merci des ennemis, voilà ce qu'on a vu sous la compression d'un despotisme taciturne, et ce qui n'arrivera jamais dans un pays de liberté. La publicité des actes du pouvoir et la circulation facile de la pensée écrite sont les sauvegardes de l'indépendance des nations. On ne saurait mesurer l'énergie défensive de citoyens toujours armés qui se gouvernent eux-mêmes suivant des formes constitutionnelles. Aux Portugais enthousiastes et communicatifs, il n'y aurait eu, s'ils eussent été libres, qu'un mot à dire : *Voilà l'ennemi !*

LIVRE QUATRIÈME.

ESPAGNE.

SOMMAIRE.

Notions générales sur la Péninsule espagnole. — Le mariage de Ferdinand et d'Isabelle réunit les Espagnes. — Expulsion des Juifs et des Maures. — Tentatives pour les libertés publiques. — L'Espagne en proie à des souverains étrangers. — Établissement de la maison de Bourbon sur le trône d'Espagne. — Guerre de la succession. — Abolition des priviléges d'Aragon. — Gouvernement des Bourbons.—Règne des successeurs de Philippe V. — Situation de l'Espagne, depuis la paix d'Utrecht jusqu'à la révolution française. — Règne de Charles IV et de la reine Marie-Louise. — Ministère du comte Florida Blanca et d'Aranda. — Ministère d'Emmanuel Godoy, duc d'Alcudia.— Guerre de l'Espagne avec la république française. — Le pacte de famille renouvelé.— Renvoi du prince de la Paix du ministère. — Campagne de 1801 contre le Portugal. — Paix d'Amiens. — Renversement du trône de Naples. — Manifeste belliqueux du prince de la Paix. — Puissance militaire régulière de l'Espagne.—Mœurs et habitudes du soldat espagnol. — Discipline. — Avancement. — Officiers généraux. — État-major. — Administration de l'armée. — Maison du roi. — Infanterie. — Cavalerie. — Artillerie. — Ingénieurs. — Direction des affaires militaires. — Désaveu du manifeste de Godoy après la bataille d'Iéna. — Envoi en France d'un corps de seize mille Espagnols. — Nouvelles faveurs accordées au favori.— Portrait d'Emmanuel Godoy. — Caractère de la nation espagnole. — Noblesse. — Clergé. — Ordre moyen. — Classe inférieure. — Considérations générales.

LIVRE QUATRIÈME.

❃

ESPAGNE.

❃

L'histoire de l'Angleterre offre le témoignage de ce que peuvent des circonstances topographiques favorables, des institutions libres et un bon gouvernement pour rendre un peuple fort, puissant, heureux, pour presser et hâter le développement des facultés qui lui sont naturelles, pour les diriger vers la grandeur et la prospérité. Nous allons voir en Espagne des institutions vicieuses et des gouvernemens corrompus dégrader, abrutir la plus noble des nations européennes, et la condamner, dans l'avenir, à un malaise obscur ou à des calamités éclatantes.

S'il est un pays favorisé par la nature, c'est

la Péninsule. Un beau ciel, une terre fertile, l'Océan qui l'environne, ouvert à ses flottes et à son commerce, l'espace étroit qui la sépare du continent fermé par les Pyrénées, rien ne manque à ses moyens de prospérité et de défense : les anciens y plaçaient le paradis terrestre. Ce pays des dieux est habité par un peuple brave, généreux, tempérant, vrai, loyal, susceptible d'une grande exaltation morale, capable de recevoir les meilleures impulsions, n'ayant de défauts que ceux que le despotisme et la superstition donnent, possédant toutes les qualités dont il n'a pas été au pouvoir des rois et des prêtres de le dépouiller.

Ce beau pays, qui semblait par sa position devoir être à l'abri des invasions et des ravages, y a été plus sujet que tout autre ; il a presque toujours été gouverné par des races et des influences étrangères. Englouti avec le reste de l'Europe, d'abord par les Romains et puis par l'invasion du nord, il a ensuite été ravagé par l'ouragan du midi. Les Arabes de l'Asie, mêlés aux Maures sortis de l'Afrique, se répandirent en Espagne, faillirent y établir un empire universel, et y ont conservé des provinces pendant sept siècles.

Ces sept siècles furent des temps de combat, de chevalerie et de gloire : les preux de Charlemagne, les exploits du Cid, la grandeur des Almanzor remplissent les pages de l'histoire. Quel était alors l'état des peuples? on ne le sait pas. On sait qu'ils étaient nombreux; cela prouve, sinon qu'ils étaient heureux, du moins qu'il y avait parmi eux, à la fois, abondance de subsistance, et principe actif de reproduction, de mouvement et de vie.

Les Arabes envahisseurs avaient égorgé quelques Espagnols au jour du combat, mais ils amenaient avec eux de nouvelles cultures, les arts qui civilisent, la tolérance qui accroît la population, le travail qui l'enrichit. De leur côté, les chrétiens, refoulés sur un petit espace, le cultivaient mieux. On peut croire que les dixième et onzième siècles qu'on a appelé des siècles de fer, à cause de leur barbarie, ont été ceux où l'Espagne a été la plus peuplée et la plus florissante.

La reprise de l'Espagne sur les Maures a été plus funeste que n'avait été la conquête. Les chrétiens vainqueurs étaient moins civilisés que les Arabes vaincus [1]. Les disciples de Mahomet avaient respecté l'Église de Jésus-Christ. Les chrétiens renversèrent la mosquée et bannirent l'infidèle. Les champs furent ravis à ceux qui leur faisaient produire trente pour un, à ceux dont l'industrie avait appris à les cultiver. La population arabe, toujours repoussée, fut chassée vers le midi de l'Espagne. Les campagnes se dépeuplèrent ; il ne resta de Maures que dans les villes où leur industrie

---

[1] Ce retour à la barbarie est présenté dans les chroniques comme le siècle héroïque des Espagnes ; il se recommande à la postérité par le souvenir des exploits, demi-fabuleux de Bernard del Carpio, du Cid Campeador et de tant d'autres guerriers pourfendeurs de mécréans.

les avait fixés, où rien ne pouvait les remplacer, où le gouvernement pouvait mieux protéger les individus contre le fanatisme[1].

Les fléaux de la guerre peuvent se réparer avec promptitude. Les vides causés par les émigrations, par les mortalités, peuvent se remplir. Ce n'est pas la perte des hommes qui

---

[1] A l'égard de leurs frères chrétiens, le moins que les conquérans purent faire pour eux en les retrouvant parmi les Arabes, fut de confirmer les franchises que ces derniers avaient concédées pendant leur domination. Ainsi, les lois d'après lesquelles se régissaient les communautés *mozarabes*, c'est-à-dire mêlées avec les Arabes, servirent de modèle aux *fueros* ou règlemens municipaux qu'on dressa pour les villes reconquises et les peuplades nouvelles. Nous disons peuplades nouvelles, car la dévastation avait été si complète dans le plat pays que les rois et les seigneurs furent forcés d'y établir des colonies de laboureurs appelées de leurs anciens domaines. L'histoire a conservé le beau surnom de populateur donné par les contemporains à Sanche II de Portugal, qui a bâti Sabugal et à Ferdinand II de Léon, fondateur de Ciudad-Rodrigo.

dépeuple les états ; ce sont les mauvaises institutions, les mauvaises lois ; elles influent d'une manière funeste sur les mœurs et les habitudes du peuple; elles lui ôtent l'envie de travailler et le moyen de subsister. Un vice radical, un fléau s'attacha alors au sol de l'Espagne. Il est la principale cause de sa dépopulation, principe du mal si actif, qu'il n'a pu être déraciné après plusieurs siècles de philosophie et d'améliorations sociales.

Les armées qui reconquirent l'Espagne pied à pied sur les Musulmans, se composaient de paysans conduits par leurs seigneurs, et de bandes aventurières commandées par de nombreux chevaliers que le désir de combattre les Infidèles attirait sans cesse des autres états de la chrétienté. Les grandes familles espagnoles descendent de ces preux. Les rois des Asturies, de Léon, de Castille et d'Aragon, qui marchaient à leur tête, étaient plutôt les chefs de l'armée conquérante que les souverains des peuples conquis. Les terres ravies aux cultivateurs furent distribuées par eux aux compagnons de leurs travaux. Souvent aussi animés d'une inspiration religieuse, ils fondaient un monastère sur la colline, où reposaient les cendres de quelques martyrs de la primitive église, et le dotaient des champs, des maisons, des hommes même compris dans l'espace que l'œil pouvait embrasser. Ces dotations furent d'autant plus vastes, que leur valeur était moins grande, et qu'on manquait de bras nécessaires pour les cultiver. Les biens acquis à titre de majorats, indivisibles, substitués, et les autres main-mortes indestructibles ou même susceptibles d'accroissement ont formé, jusqu'au temps où nous vivons, plus des trois quarts de la totalité du sol de l'Espagne. Il n'est pas resté assez de terre libre pour exercer l'industrie du propriétaire, pour employer les capitaux. Ce ne sont pas les propriétaires qui ont cultivé.

Ces grands espaces dépeuplés et possédés par un seul ont amené l'oubli de l'agriculture et l'établissement des troupeaux. Les troupeaux ont eu besoin de privilége ; les priviléges des troupeaux, effets de la dépopulation, l'ont perpétuée, ont empêché l'agriculture de reprendre ses droits, ont consacré l'oisiveté, propagé l'habitude d'une vie contemplative dont le moindre inconvénient est de faire mourir de faim [1].

---

[1] L'Espagnol, indolent et fier, n'arrosa de ses sueurs que sa pesante armure. Le chevalier et le prêtre usufruitiers étaient peu attentifs à améliorer le sol. Des barbares, qui ne savaient que combattre et dormir, avaient horreur des soins, des travaux qu'exige l'agriculture ; ils préférèrent le bétail aux moissons. De là les terreins vagues, les communaux, les municipaux, la *mesta* (a).

(a) La *mesta* (ce mot veut dire mélange) est une association composée de grands, de monastères, de riches, qui sont propriétaires de troupeaux, *trashumantes*. On appelle *trashuman*, pour les moutons, passer l'hiver dans les plaines d'Estramadure, et l'été sur les montagnes de Vieille-Castille. On comptait en Espagne, lors de l'invasion des Français, cinq ou six millions de *trashumantes*. Ils sont répartis en troupeaux de dix mille bêtes. Ils vivent, en route, sur les terres en friche ;

Dans ces siècles d'ignorance, la loi empêchait le partage d'immenses propriétés qui eussent acquis de la valeur si elles eussent été cultivées par des colons intéressés à produire; et en même temps l'usage consacrait la division des royaumes entre les enfans du souverain. L'Espagne fut divisée en plusieurs états; ces états se firent la guerre souvent; ces guerres eurent peu d'influence sur la prospérité des peuples, sur leur état civil; ce qui eut une influence énorme, ce furent les guerres intestines de chaque souverain avec les grands vassaux de sa couronne; l'histoire du moyen âge au quinzième siècle est en Espagne l'histoire d'une longue lutte du pouvoir royal contre la féodalité. En Espagne comme ailleurs les rois, quand ils voulurent écraser leurs vassaux, se souvinrent que les peuples étaient des

et, arrivés à leur destination, ils sont nourris moyennant une rétribution excessivement modique, qu'il ne dépend pas des propriétaires des pâturages d'augmenter. La *mesta* est hors du droit commun; elle forme comme une oligarchie voyageuse armée d'un conseil et d'agens de justice, pour protéger ses monstrueux priviléges au grand détriment de l'agriculture.

hommes ; ils émancipèrent le peuple pour avoir d'autres soldats que ceux que conduisaient les seigneurs. Ils enlevèrent successivement à ces derniers tous les droits de souveraineté, levée d'hommes, levée d'impôts, droits qu'ils exerçaient dans ces vastes domaines qu'aujourd'hui encore ils appellent leurs états.

La puissance des grands fut anéantie, en Espagne, par Ferdinand et Isabelle [1]. L'heureuse circonstance du mariage de ces deux princes réunit sous un même sceptre tous les peuples de la Péninsule, à l'exception du Portugal, que sa puissance coloniale élevait dès lors au rang d'une puissance rivale. La découverte de l'Amérique, et ce qui restait d'industrie dans les villes, créèrent une classe de

---

[1] Les grands, ces *ricos hombres* qui prétendaient marcher les pairs de leur roi, conservèrent le droit de s'asseoir sur les marches du trône, mais seulement pour se dédommager par une jouissance d'étiquette de n'être plus les tuteurs et les conseillers du pouvoir.

commerçans, de citoyens, autres que les propriétaires du sol ou les paysans qui le cultivent. Ferdinand et Isabelle donnèrent des lois municipales; ils firent la guerre contre Grenade avec des troupes levées par les communes. Cette sainte hermandad (dirigée en apparence contre les malfaiteurs, en réalité contre les nobles), qui remplit les romans espagnols et qui maintenait la paix publique, fut instituée par eux. Ils encouragèrent les compagnies, les *maestranzas* dans les villes, pendant qu'ils arrachaient aux nobles et réunissaient pour jamais à la couronne les grandes maîtrises des ordres militaires. L'unité de la nation espagnole, brisée depuis la ruine de l'empire des Goths, recommença. Il y avait beaucoup à attendre, beaucoup à faire, avec une nation homogène.

En Espagne le roi, les prêtres et le peuple ont toujours fait cause commune. Le roi s'était aidé des prêtres contre les grands; et si on faisait quelques pas vers la liberté civile, on n'en faisait pas de moins actifs vers la superstition et vers l'erreur. Le désir intolérant de l'unité de croyance [1], l'action incessante des moines, quelques craintes exagérées amenèrent les rois catholiques (c'est ainsi qu'on appella Ferdinand et Isabelle, et le nom en est resté à leurs successeurs) à chasser de l'Espagne les Juifs et les Maures. L'inquisition fut ici l'auxiliaire, l'instrument et non pas le mobile de l'autorité royale. On reprocha aux Juifs et aux Maures des vices qui étaient le produit de cet état de persécution où les préjugés du temps les réduisaient. Ferdinand commença et compléta l'expulsion des Juifs. Il commença l'expulsion des Maures qu'un des ses successeurs acheva un siècle plus tard [2].

[1] C'est Ferdinand, le sombre et acerbe Ferdinand, qui a établi l'intolérance religieuse et fondé l'inquisition.

[2] On compte depuis Ferdinand le Catholique jus-

Ce mal causé par le fanatisme, et que proclament les historiens, causa moins de maux à l'Espagne que le mariage de l'héritière des couronnes de Castille et d'Aragon avec Philippe le Beau, héritier des états de Bourgogne et d'Autriche. L'Espagne devint la proie de monarques étrangers. Elle ne fut plus qu'un des fleurons de leur couronne. Son sang et ses trésors furent dépensés pour des intérêts, pour des vanités étrangères. L'industrie de la Castille fut sacrifiée à l'industrie des Pays-Bas et de l'Italie. Les monarques autrichiens continuèrent à combattre les grands vassaux; mais ils étaient assez puissans par leurs autres états pour n'avoir plus besoin de l'auxiliaire des peuples, et pour pouvoir à leur aise opprimer la nation entière. Les funestes effets de la toute-puissance des monarques, apparu-

ques à Philippe III, deux cent mille Juifs ou Musulmans égorgés par l'inquisition, et plus de cinq millions qui, forcés à s'expatrier, emportèrent avec eux les capitaux, les arts et les métiers.

rent comme par pressentiment aux véritables Espagnols, lors du mariage de Jeanne la Folle, et remplirent leur âme d'horreur. L'amour de la patrie et la haine de l'étranger furent le principe de la guerre des *communeros* [1], une

[1] Charles, fils de Philippe le Beau, devenu célèbre sous le nom de Charles-Quint, était né et avait reçu son éducation en Flandre. Appelé par la politique de sa maison et par des motifs d'ambition personnelle, à vivre habituellement loin de l'Espagne, il confia, peu de temps après son avénement au trône, la régence de ses royaumes à Adrien d'Utrecht, un Flamand; Guillaume de Croy fut nommé à l'archevêché de Tolède, la première dignité ecclésiastique de Castille et le plus riche bénéfice d'Espagne. Les emplois, les honneurs, les trésors furent la proie d'étrangers avides. Si on en croit les historiens nationaux, les Flamands ont fait passer de Castille, dans les Pays-Bas, en moins d'une année, six millions de francs, somme exorbitante en raison de la valeur de la monnaie à cette époque.

Les cortez d'Aragon et de Catalogne firent éclater une vigoureuse opposition aux exactions et aux injustices commises par les délégués du monarque. Les cortez de Castille s'étant montrées plus patientes, Sé-

des plus justes et des plus légitimes insurrections où un peuple ait jamais échoué. Plus tard la

govie, Tolède, Séville et plusieurs autres villes considérables se confédérèrent entre elles pour venger l'insulte faite à la nation.

Les bourgeois de Tolède, ayant à leur tête un jeune homme de haute naissance, don Juan Padilla, s'emparèrent de leur ville et organisèrent un gouvernement populaire. A Ségovie, à Burgos, à Zamora, les hommes connus comme partisans de l'étranger furent massacrés ou prirent la fuite, et l'on rasa leurs maisons jusques aux fondemens. Le régent fit marcher des troupes qui furent battues. Les insurgés tinrent la campagne et dictèrent pendant quelque temps la loi dans les deux Castilles.

La confédération des villes s'appelait la Sainte-Ligue. C'était à bon droit, et la suite l'a prouvé ; jamais cause ne fut plus saintement patriotique. Le peuple avait pris les armes pour obtenir le redressement de justes griefs. Après la victoire, on ne prétendit à rien moins qu'à la réforme entière du gouvernement. Bien que la Sainte-Ligue s'appuyât du nom et de l'autorité de la reine Jeanne, recluse depuis son aliénation mentale dans le palais de Tordésillas, les opinions et les vues des ligueurs étaient démocratiques. C'est ce dont on peut se convaincre en lisant les remontrances

haine contre les étrangers se manifesta par les énergiques qu'ils adressèrent à l'empereur Charles-Quint, pour obtenir une représentation nationale indépendante. Déjà des mouvemens de même nature s'étaient manifestés dans les états de la couronne d'Aragon. Dans les longues remontrances de la Ligue, il s'était glissé quelques articles restrictifs de la suprématie exagérée de la cour de Rome, des désordres du clergé et des abus de la juridiction ecclésiastique ; aussi le clergé séculier et les moines se gardèrent bien de prêter leur appui à une insurrection où leurs intérêts n'étaient pas ménagés. La noblesse, qui avait partagé d'abord l'exaspération des communes contre les étrangers, s'effraya du mouvement démocratique ; son orgueil était moins choqué des usurpations fondées sur d'anciennes violences, qu'elle ne s'effrayait d'entendre la multitude réclamer la révocation des priviléges onéreux au plus grand nombre, et l'assujettissement de toutes les personnes et de toutes les terres aux charges publiques. Elle se réunit en armes aux troupes soldées de l'empereur pour marcher contre les rebelles. Une milice formée de bourgeois timides et d'artisans inhabiles ne put soutenir le choc d'une infanterie réglée et d'une cavalerie composée de gentilshommes animés d'un esprit belliqueux. L'armée des comuneros fut battue le 23 avril 1522, dans la plaine de Villalar, entre Tordésillas et Toro. Padilla et les plus braves

représentations continuelles des Cortez [1]. Les écrivains du temps disent assez l'opinion générale de la nation.

de son parti périrent sur l'échafaud, martyrs de la liberté.

La maison de Padilla, située à Tolède, près de la porte de Cambron, fut rasée. On sema du sel sur l'emplacement, et on y éleva un pilier avec une inscription infamante. Le pilier est encore debout. Tout autour et à une grande distance, on voit des édifices ruinés et de monceaux de briques et de tuiles qui attestent la grandeur passée de Tolède, en même temps qu'elles font connaître son état de dépopulation et de misère commun aux villes et aux campagnes de Castille. Ce sont là les maux que voulait prévenir la ligue patriotique des communeros. Si Padilla eût vaincu à Villalar, son nom serait vénéré parmi les Espagnols, comme le sont en Suisse, les noms de Guillaume Tell et d'Arnold de Winckelried.

[1] Les assemblées nationales venaient des rois goths. Les cortez d'Espagne remontent aussi haut que la monarchie. Les communes entrèrent dans les cortez dès le douzième siècle, quatre-vingts ans avant qu'elles y fussent admises en Angleterre. Les cortez d'Aragon furent périodiques en 1283.

Les princes autrichiens ont régné en Espagne pendant deux siècles. C'est l'époque où l'Espagne a brillé de la plus vive splendeur, où ses guerriers ont fait les plus grandes choses, où ses hommes d'état ont acquis le plus grand renom, où sa littérature a eu le plus de couleur, a jeté le plus d'éclat. C'est cependant l'époque où une prompte décadence a manifesté les vices radicaux du gouvernement espagnol. Car c'est moins par des erreurs nouvelles, que pour des erreurs anciennes, que l'Espagne est tombée dans un état déplorable. Ce ne sont point les émigrations annuelles causées par les guerres de Flandre et d'Italie ou par la colonisation de l'Amérique, qui ont dépeuplé l'Espagne. Les armées d'alors étaient peu nombreuses, et la guerre était moins meurtrière qu'elle ne l'a été depuis le perfectionnement de l'artillerie. Si l'Amérique a nui à l'Espagne, c'est moins en lui retirant des hommes, qu'en accablant d'or et en vouant à l'oisiveté les heureux possesseurs des trésors qu'elle envoyait en Europe.

La cause de la décadence de l'Espagne est dans le développement des anciens vices inhérens à l'état de la propriété. Les terres restant entre les mains d'un petit nombre d'hommes n'ont pas été améliorées. Les couvens ont englouti sans cesse une partie de la population laborieuse. Le gouffre de la mainmorte a continué à se remplir. Plus d'aiguillon, plus de mouvemens, chez cette nation active. Les villes auxquelles leurs priviléges démocratiques, et des lois protectrices du commerce avaient conservé une certaine splendeur, n'ont pu rester peuplées au milieu des campagnes dépeuplées. La paresse, d'accord avec le climat, d'accord avec la tempérance, a établi son empire; non pas cette paresse de luxe qui a son remède dans le mal même, mais cette paresse sobre et orgueilleuse et partant incurable. On a compté au milieu des vastes enceintes des villes élevées par les Goths, par les Maures, par les Espagnols du quatorzième et du quinzième siècles, autant d'espaces vides, de *campos* qu'on comptait de *despoblados* dans les campagnes. Des princes sans talens, des favoris sans honneur, la victoire du despotisme sur la liberté publique ont hâté les progrès du mal. Il était parvenu à un tel degré sous le règne du maladif et inepte Charles II, qu'à la fin du dix-septième siècle, l'Espagne, qui avait compté autrefois trente millions d'habitans, n'en avait plus dix millions. Les révoltes des peuples restaient impunies; les murs des forteresses tombaient en ruines, et n'étaient pas réparés. Tout l'or en circulation en Europe traversait l'Espagne pour n'y plus rentrer. Les arsenaux étaient vides, les ports étaient déserts, les souverains de l'Amérique et des deux Indes avaient pour toute marine six galions qui pourissaient dans le port de Carthagène; on avait oublié l'art de fondre des canons et de construire des vaisseaux. Dans cette vaste monarchie, où le soleil ne se couche pas, l'arrière-petit-fils de Philippe II. n'avait pas vingt mille hommes à sa solde.

Quelques écrivains superficiels ou intéressés par leur position à mettre de petits bienfaits sous un grand jour, et à taire de grandes fautes, ont présenté l'établissement de la maison de Bourbon sur le trône d'Espagne, comme une époque de régénération. Ils ont vu de l'amélioration partout. Peu s'en est fallu qu'ils n'y vissent aussi de la gloire. C'est une grave erreur qu'il importe de réfuter.

Treize années de guerre précédèrent le moment où Philippe V a régné paisiblement. Pendant ces treize années, l'Espagne a été parcourue et dévastée dans tous les sens par les armées de l'étranger. La grande majorité de la nation regardait comme légitime le droit de Philippe au trône, parce qu'il était fondé sur les droits de la naissance, et appuyé par la volonté du dernier roi autrichien. Cependant, de ce côté, il y avait coopération, et non pas enthousiasme. La nation voyait avec regret que la justice de la cause du Français l'obligeât à combattre à côté de soldats toujours regardés comme ennemis. Plusieurs des plus dévoués partisans de Philippe V auraient voulu que les Français s'en allassent, afin de défendre le roi sans eux. Des querelles toujours renaissantes s'élevaient sans cesse entre les deux alliés. On reprochait aux Français leur vanité, leur prétention, leur pillage. Philippe ne pouvait tenir la campagne ni avec eux, ni sans eux.

Au contraire, il y eut de l'énergie dans les rangs opposés. Les Catalans combattirent pour la maison d'Autriche, avec plus d'acharnement que les Castillans pour la maison de Bourbon. Dans la couronne d'Aragon, les Français eurent à soutenir une guerre nationale. Là même, après des victoires, ils ne possédaient de terrain que celui sur lequel étaient campés leurs bataillons. La population s'éloignait à leur approche, et revenait plus terrible harceler leurs flancs et leurs derrières. Barcelone donnait de grands exemples de courage, que Sarragoce devait répéter un siècle après. Vaincue sans être soumise, quand le souverain pour lequel elle s'était sacrifiée abandonna la partie pour des considérations politiques, elle s'offrit au grand Turc, espérant conserver plus de liberté sous la protection du sultan de Constantinople, que sous la domination du petit-fils de Louis XIV.

Dans cette conduite des Catalans, il y avait encore plus de calcul que de passion. Ils avaient vu, en effet, que dès l'année 1707 Philippe V avait enlevé aux peuples de la couronne d'Aragon, leurs priviléges particuliers. Ils s'étaient rappelés ce noble serment conditionnel, effroi des rois absolus; ce tribun du peuple qui avait osé lutter contre le plus despote de ses prédécesseurs. Le gouvernement de Philippe n'agit pas tant en haine de la rébellion des peuples d'Aragon, que dans le dessein de tout mettre sous le niveau royal. L'occasion était favorable, pour anéantir ce qui restait en Espagne d'élémens de liberté publique; on en profita. La victoire remportée par les Bourbons, ne fut pas nationale, quoiqu'ils eussent l'assentiment de la majorité de la nation. L'Espagne recueillit de la guerre des dévastations, et aucune de ces améliorations morales qui sont la suite des grands mouvemens donnés aux nations.

L'extinction des priviléges d'Aragon, amena l'établissement de la loi commune pour tous. Il n'y eut d'exceptés que les priviléges des provinces de Biscaye et de Navarre, défendues par les montagnes et par le patriotisme. Ces législations uniformes, ce nivellement de l'état où aucune corporation, aucun individu n'est appelé pour son intérêt particulier à réclamer l'intérêt général, tel est constamment le but et le moyen du despotisme. Le régime municipal perdit partout son éclat. Les offices dits *officios de republica*, par opposition aux emplois de l'état, *officios del rey*, furent envahis, restreints, déconsidérés, l'autorité royale les absorba. Les propriétés mineures des com-

DES PRIVILÉGES D'ARAGON. 157

munes passèrent à la disposition du fisc. La grandesse fut éloignée du pouvoir, on ne la vit plus ni dans le ministère, ni dans les armées. Le nombre des grands fut augmenté pour les déconsidérer. Ils ne furent plus que de grands consommateurs, qu'une politique soupçonneuse retenait dans la capitale; on les empêchait d'être des citoyens utiles comme habitans et cultivateurs, parce qu'on craignait qu'ils ne fussent des sujets dangereux. La noblesse, sans perdre aucun des priviléges qui la rendent onéreuse aux citoyens, perdit ceux qui la rendaient fâcheuse au prince et utile au pays. Les grands corps de l'état furent ébranlés. Le conseil de Castille, ancien tribunal, et quelquefois tuteur des rois, vit son éclat pâlir devant des institutions émanées de France. Tout esprit de corps, tout moyen de résistance disparut. Les cortez, ces vieux compagnons de la monarchie, disparurent aussi[1]. Elles ne reparurent

[1] Les cortès, déjà si ébranlées par Charles-Quint;

plus que comme des assemblées périodiquement convoquées, pour prêter serment aux héritiers du trône, jamais consultées sur les vices de la législation, et su les bien de l'état.

Un roi français apporta dans le palais, les habits français, l'étiquette française, des secrétaireries d'état, des gardes, des académies, un système administratif et financier, taillé sur le modèle de ce qui était en France. Il transplanta Versailles à Saint-Ildefonse; Madrid n'eût été bientôt que la pâle copie de Paris, et l'Espagne eût été dénationalisée, s'il dépendait des rois et de leurs courtisans de changer à volonté les mœurs et les habitudes d'un grand peuple.

L'orgueil espagnol fut blessé de tant de serviles imitations, car les améliorations étaient loin de compenser la destruction des choses antiques et sacrées; il fut blessé surtout en voyant

car les dernières qui méritent ce nom sont celles de Tolède, en 1539.

l'administration de l'état, les finances, la conscience du roi entre les mains des étrangers. Tout se rapetissa. Les fondations antiques, sur lesquelles un grand édifice aurait pu être élevé, disparurent; l'esprit public s'éteignit; la littérature, qui en est l'expression, se décolora : tout fut sans vigueur, sans mouvement.

Si au moins, en perdant l'enthousiasme, on avait gagné les lumières! si l'esprit, en perdant son éclat, avait acquis de la justesse et de l'étendue! Mais l'inquisition a été plus funeste à l'Espagne, sous les Bourbons, qu'elle ne l'avait été auparavant. Elle avait été, dans la persécution des Juifs et des Maures, agent plutôt que cause. En conservant l'unité de la religion sous les princes autrichiens, elle avait du moins empêché le sang espagnol de couler dans des guerres de religion. Ce qui se passait en France et en Allemagne, disait assez que le bienfait était grand. Sous les Bourbons, l'inquisition, déjà vieillie, retrouva la force de sa jeunesse pour repousser les saines doctrines, pour éteindre les lumières, pour arrêter l'esprit du siècle. L'Espagne ne fut jamais plus isolée de l'Europe que sous les Bourbons. Auparavant, elle avait été dans toutes les affaires de l'Europe; ses ambassadeurs, ses guerriers revenaient d'Italie, d'Allemagne, de France, avec un esprit agrandi par l'échange des idées.

Au dix-huitième siècle, l'Espagne ne fut plus qu'un grand couvent; l'inquisition se tenait au parloir pour empêcher la vérité d'entrer. Il y a des gens qui ont pu se demander, s'il était meilleur que le monde tout entier fût en proie à l'ignorance, qu'ouvert à la vérité; si la somme de bonheur individuel serait plus grande dans un ordre de choses que dans l'autre. Mais il n'est jamais entré dans l'esprit d'un être raisonnable, de mettre en problème s'il était utile à une portion du continent européen, de rester en proie à l'ignorance, aux préjugés, à l'erreur, pendant que le reste du monde marchait à grands pas vers les lumières et le perfectionnement.

Quand nous disons les maux dont l'intronisation des Bourbons fut cause, nous ne voulons cependant pas attaquer le caractère personnel des princes de cette antique maison qui ont régné en Espagne. On institue, on cimente le despotisme autant par faiblesse que par énergie. Philippe V avait peu d'esprit, mais un sens droit et de la modération dans le caractère. Louis XIV lui avait dit que le pouvoir des rois était de droit divin, que l'état c'était le roi, que Dieu, en appelant les rois à gouverner les autres hommes, leur avait donné une intelligence supérieure. Il apporta en Espagne les convictions que son aïeul lui avait communiquées; mais la pureté de ses mœurs et le sérieux de son maintien calme servirent à le faire aimer des Espagnols. Plus tard une mélancolie sombre qui rongea son ame, usa son corps, attaqua les organes du cerveau, le rendit incapable d'attention et lui enleva le peu d'aptitude qu'il aurait pu avoir pour les affaires.

Ses deux fils, qui regnèrent successivement

après lui, furent des princes bons, religieux et modérés. Ferdinand VI, fidèle aux maximes de sa maison pour le gouvernement intérieur, s'en écarta dans ses relations avec l'étranger. L'Espagne y gagna d'éviter des guerres sans honneur et sans profit. Charles III adopta un système politique tout opposé. Il fit le pacte de famille, et consomma l'ouvrage de Louis XIV.

Le règne de ce prince fut signalé par un grand nombre d'améliorations utiles, qui ont été continuées et augmentées par Charles IV, son fils et son successeur. Ce fut moins l'effet de la volonté du souverain que de l'infiltration forcée des idées de perfectionnement qui pénétraient malgré le rempart des Pyrénées et des mers. Il a été de mode, au dix-huitième siècle, de faire des routes, de creuser des canaux, d'établir des fabriques, comme il l'était au douzième siècle d'élever des cathédrales et de fonder des couvens. Les arts et métiers furent cultivés en Espagne; les sciences encouragées. Des associations cherchèrent à faire naître le goût de l'industrie et du travail. On composa quelques ouvrages utiles. On s'efforça de propager l'instruction. Quelques-unes des entraves qu'éprouvaient l'industrie et le commerce furent brisées. L'Amérique eut, dans une très-faible proportion, sa part des bienfaits répandus sur l'Espagne.

Pendant soixante-quinze ans qui se sont écoulés entre la paix d'Utrecht et la révolution française, l'Espagne, jouissant de la paix, n'écoulant plus sa population à l'extérieur, l'a vue augmenter à l'intérieur. Cette augmentation, qui a été exagérée, parce qu'on avait exagéré la diminution sous les Autrichiens, a surtout été sensible sur les côtes de la mer; elle eût été immense si le commerce de l'Espagne entière avec les colonies avait été libre. Car le dix-huitième siècle fut le siècle des colonies et du commerce. Mais quand les côtes se peuplaient et s'enrichissaient; quand les villes maritimes se voyaient agrandies, les vieilles cités espagnoles allaient s'appauvrissant et se dépeuplant. Le plateau de la Vieille-Castille et de la Manche, la haute vallée du Tage devinrent de plus en plus déserts. Pas un des villages à la lisière du Portugal que la guerre de la succession avait détruits, ne s'est rétabli. Les lois funestes à l'agriculture, à la propriété, mainmorte, majorats, clergé, ont à peine été touchées. On a commencé des canaux et on ne les a pas finis. On a fait des grandes routes et il n'y a pas eu de chemins vicinaux pour y arriver, de sorte que, fréquentées seulement par les muletiers, elles ont été jusqu'à présent un luxe à peu près inutile. Les fabriques n'ont pu se soutenir sans le secours de l'autorité parce que la main-d'œuvre est chère et que les produits sont imparfaits. On a voulu la fin, et on aurait été effrayé des moyens. Pouvait-on avec l'inquisition répandre les lumières? avec le despotisme faire naître l'émulation? avec les préjugés et l'échaffaudage du dixième siècle obtenir les résultats de la raison moderne?

La perte des États de Flandre et de l'Italie avait peut-être été heureuse. Elle épargnait des guerres, des révoltes, des frais d'administration; c'était bien assez de la Péninsule et de l'immense empire d'Amérique, pour exercer le talent du gouvernement. Mais ce fut un malheur que cette fraternité mal définie avec la France, cette vieille rivale de l'Espagne. Il fut convenu, dans le cabinet de Madrid, que l'Espagne ne touchant à l'Europe que par les Pyrénées, l'alliance de la France lui garantissait une paix intérieure éternelle; qu'à l'abri de cette égide, les Espagnols pouvaient négliger impunément le métier des armes, et se livrer entièrement au commerce des Indes source de la prospérité nationale, au commerce des côtes, et à tous les avantages résultans de leur heureuse position. On alla même jusqu'à soutenir que les Espagnols ne pouvaient pas à la fois conserver leurs colonies, entretenir la marine destinée à les protéger, et tenir sur pied de grandes armées.

L'Espagne dut être, à l'avenir, dans le monde politique à la France, ce qu'est un satellite à sa planète, ou le radeau de charge au bâtiment léger qui le remorque [1]. L'opinion de cette subalternité était assez accréditée, pour avoir contribué par la suite à provoquer un changement de dynastie en Espagne, en raison du changement de dynastie en France.

Cette dépendance d'un peuple accoutumé long-temps à régner sur les autres, fut particulièrement visible dans l'organisation et dans l'emploi des forces de terre et de mer. La marine militaire ne s'éleva que pour avoir des échecs. On ne construisit des vaisseaux que pour les voir conduire tôt ou tard dans les ports de l'Angleterre; et enfin, on pouvait prévoir que l'inimitié constante de cette puis-

---

[1] Le plus habile ministre de France, dans le dix-huitième siècle, Choiseul, disait qu'il était plus sûr de sa prépondérance dans le cabinet de Madrid que dans celui de Versailles. Il disait cela sous le règne de Charles III, le plus habile des Bourbons d'Espagne.

sance devait, quand le moment serait venu, amener la perte des colonies espagnoles. L'armée espagnole fut peu nombreuse, n'eut de bonnes institutions qu'en les empruntant aux Français, ne tira rien de son cru, rien du caractère ou des habitudes nationales. Pas un souvenir, pas une tradition, n'établissaient de continuité entre les bandes espagnoles détruites à Rocroi et les régimens qui, un siècle plus tard, combattirent en Italie pour revendiquer les droits de Philippe V. Après la paix de 1748, les troupes espagnoles n'ont plus fait la grande guerre. La campagne de Portugal, en 1762, prouva qu'elles ne savaient pas conduire une opération, et que même à l'aide des Français leurs alliés, il n'y avait pas en elles assez de force, de suite, ni de talens pour soumettre un royaume qui, d'après les lois de la topographie, devait être une de leurs provinces. L'expédition d'Alger, en 1774, ne déposa pas davantage en leur faveur.

La guerre d'Amérique ne leur offrit pas

d'occasions de gloire. Unies aux troupes françaises, elles firent sur les Anglais la conquête facile et peu importante de l'île de Minorque. Avec elles, elles ont échoué devant le rocher de Gibraltar. Les Français, en vantant le courage des Espagnols, n'ont pas vanté leur discipline. L'Espagne qui, par la nature de sa position et par le courage indomptable de ses habitans, non moins que par l'immense étendue de son empire colonial, devait être puissance de premier rang, n'eut dans la diplomatie que le second, ou même le troisième rang. Comment se serait-on aperçu de son existence en Europe? Elle ne pouvait influer sur les affaires du continent, qu'en pesant sur la France; et chaque jour elle perdait à la fois la volonté et le pouvoir de nuire à ses voisins. Elle avait ouvert une large route à l'extérieur des Pyrénées, afin de les rendre viables dans toute saison, et de faciliter aux armées le voyage de Madrid. A l'exception de San Fernando de Figuières, bâti par Ferdinand VI, quand il s'éloigna du système de sa maison, aucune fortification n'avait été élevée dans les Pyrénées si faciles à défendre ; dans ces Pyrénées où l'antique puissance de l'Espagne se manifeste encore dans la démarcation des frontières, toute au désavantage de la France. Les anciennes forteresses tombèrent en ruine, et ne furent pas réparées. Au lieu d'exalter le patriotisme des habitans limitrophes, on le comprima, on l'éteignit. Il ne tint pas au gouvernement des Bourbons que les Catalans ne fussent aussi calmes que les Castillans. Ils aimaient mieux les rendre souples au pouvoir, que terribles à l'ennemi. Rien ne fut prévu dans un avenir quelconque pour la défense.

L'Espagne était dans cet état inoffensif et faible quand la révolution française vint effrayer les rois sur leurs trônes. Le sol de l'Espagne n'était pas disposé pour recevoir et faire germer les semences de l'esprit de liberté. Les classes inférieures virent avec horreur les outrages faits à la religion et au pouvoir royal. Les idées nouvelles trouvèrent un grand nombre de partisans dans la classe moyenne, même dans les classes élevées et dans le clergé; elles se propagèrent surtout dans les ports de mer, parce qu'il y a là plus de communication avec le monde.

Par un effet tout naturel, les Espagnols partisans des idées nouvelles les outrèrent, les exagérèrent et furent des démagogues forcenés; de même que dans ceux qui combattaient la superstition étaient ordinairement des athées. En même temps le gouvernement espagnol accueillit les proscrits et les fugitifs de France avec empressement. La confirmation du pacte de famille par l'assemblée constituante en 1790, au sujet de l'affaire de Nootka Sund, ne rassura pas la cour de Madrid sur l'influence de la France en révolution. En effet, il était évident que, quels que fussent les rapports mutuels de la France et de l'Espagne, l'intérêt de la France était toujours de secourir l'Espagne contre l'Angleterre. Ainsi, on chercha à s'isoler de plus en plus. Des mesures terribles furent prises pour empêcher la contagion révolutionnaire [1].

LE trône était occupé alors par un de ces princes qui, dans une condition privée, eussent mérité l'attachement de leurs amis, et peut-être même leur estime ; propres à régner dans les temps faciles, où il ne faut que boire, manger, chasser et se montrer ; supportables dans ces monarchies constitutionnelles où les rois n'ont d'action que celle qui dérive de leur position,

---

[1] La plus rigoureuse surveillance fut exercée aux frontières et dans l'intérieur par l'inquisition, qui promulguait de temps à autre et faisait afficher dans les églises l'énoncé sommaire des livres nouvellement prohibés. On lisait sur ces listes, mêlés aux grands noms de Montesquieu, de Robertson, de Filangieri, les titres des romans français les plus obscurs, et quelquefois les plus obscènes.

et qui ne tient pas à leur personne ; mais incapables, soit par défaut d'esprit, soit par défaut de caractère, d'exercer le pouvoir absolu quand le vent de la tempête commence à souffler. Charles IV était monté sur le trône à l'âge de quarante-un ans ; simple dans ses goûts, bon pour ses serviteurs, doué d'une intelligence qui n'a paru bornée que parce qu'elle était disproportionnée à la tâche que lui ont imposée des temps difficiles ; pacifique, craintif, accoutumé à obéir, ayant passé sa jeunesse sous le joug, il fut constamment soumis à la volonté de la reine Marie-Louise. Cette princesse, née en Italie, avait apporté à la cour d'Espagne ce mouvement passionné, cette volonté propre aux femmes de son pays. Elle avait sur le roi la supériorité que les femmes ont toujours à égalité de culture d'esprit et d'intelligence.

Les fautes et les vertus des rois décident souvent du sort des peuples. Ce qui, dans la situation privée, n'éveillerait pas l'attention publique, est saisi sur le trône par l'inexorable histoire. On calcule moins l'intention, la moralité des actions, que leurs résultats. La reine d'Espagne est déjà entre les mains de l'histoire qui, n'écoutant point les cris de rage de l'esprit de parti, repoussera les comparaisons injurieuses avec les Frédégonde et les Brunéhaut; mais doit dire que la perte de l'état fut peut-être causée et certainement accélérée par un amour impur, dont rien n'honorait la cause, dont rien ne peut excuser l'excès.

CHARLES IV avait d'abord laissé l'état entre les mains des ministres de son père. Le comte de Florida Blanca [1] gouverna l'Espagne pendant les premières années de son règne. Ministre actif et patriote, son nom se liait aux entreprises utiles du règne de Charles III. Il

[1] Florida Blanca, sorti de la robe, envahit et dénatura le gouvernement royal; il mit les rois en dehors créa le pouvoir ministériel, les bureaux, les commis, les commissions, prépara et rendit facile le vicariat de Godoy (Esmenard)

aimait son pays avec passion; la révolution française lui faisait horreur. Ce mot terrible de Mirabeau : « La cocarde nationale fera le tour du monde, » retentissait à son oreille. Contre la révolution, il dirigeait l'activité de son esprit; contre les Français, il prêchait la guerre. Une intrigue de cour le précipita dans la disgrâce. Son caractère dur et fier déplaisait à la reine. Il ne ménagea pas assez ses amours. L'héritage de Florida Blanca fut donné à un vieillard, qui, de tous les hommes d'état de l'Espagne, était alors celui qui avait le plus de considération en Europe. Le comte d'Aranda[1] s'était toujours montré l'ennemi de la tyrannie et de la superstition, le promoteur de la philosophie et des lumières. L'âge n'avait pas altéré la justesse de son esprit, mais avait diminué l'énergie de son caractère. Après neuf mois de ministère, il disparut de la scène po-

---

[1] Le vétéran de la diplomatie espagnole.

litique aussi soudainement qu'il y était monté neuf mois auparavant.

Alors s'éleva à côté et au-dessus du trône un homme qui n'eut de grand que sa faveur, et qui ne devait en descendre qu'en précipitant la monarchie dans sa ruine. Emmanuel Godoy, nouvellement nommé duc d'Alcudia, prit à la fin de 1792 le portefeuille dont on avait éloigné successivement Florida Blanca et d'Aranda. On le vit s'élancer de la couche adultère de la reine aux premiers grades de la milice, à la présidence des conseils, au gouvernement absolu de la paix et de la guerre. Si sa puissance n'avait été fondée que sur le goût de la reine pour lui, il aurait pu craindre qu'un rival heureux lui enlevât l'empire avec le cœur de sa maîtresse; mais il exerça d'emblée sur le faible Charles IV un empire plus grand et plus stable.

La politique du cabinet de Madrid hésita encore quelques temps devant la révolution française. Le roi et son ministre sentaient que la guerre était indispensable et ils voulaient pourtant l'éviter. Un événement funeste amena la rupture. Charles IV avait fait auprès du pouvoir qui gouvernait la France toutes les démarches publiques et secrètes pour sauver la tête du chef de sa maison. Quand cette tête sacrée fut tombée sous le glaive du bourreau, il se résolut à prendre les armes. Il le fallait, car s'il ne l'eût pas voulu, sa nation eût fait la guerre sans lui. La condamnation d'un roi par ceux qui naguère étaient ses sujets, avait rempli d'horreur un peuple religieux et sensible. Les cris d'indignation et de vengeance retentirent dans les cités. Des Français isolés, des négocians paisibles furent assaillis, assassinés, et portèrent la peine des crimes qu'ils n'avaient pas commis.

Le roi d'Espagne n'avait pas quarante mille soldats en Europe. Ses arsenaux étaient dégarnis, son trésor était vide. Les dons patriotiques [1] arrivèrent de toutes parts. La Catalogne demanda à se lever en masse. Les provinces de Biscaye et de Navarre firent des appels à la population. Les grands seigneurs accoururent à la tête de leurs vassaux. Les moines arrivèrent enrégimentés : cette cause était la leur. Des bandes de contrebandiers, oubliant leurs démêlés habituels avec le gouvernement, demandèrent à combattre les ennemis du trône et de l'autel. Tous les états, tous les rangs voulurent vaincre et mourir pour la patrie [2].

---

[1] Les dons gratuits de France, offerts à l'assemblée nationale en 1790, ont monté à cinq millions de francs; ceux d'Angleterre, en 1793, à quarante-cinq; ceux d'Espagne à soixante-treize. La nation voulait, le gouvernement lui manqua.

[2] Le général des Franciscains offrit de marcher à la tête de dix mille moines. Le duc d'Albe et deux autres seigneurs voulurent lever dix mille hommes à leurs frais. Les Catalans offrirent cinquante mille soldats. Le chapitre de Tolède vingt-cinq millions de réaux. Le clergé parcourait les villages le crucifix à la main.

Quel parti tira le gouvernement espagnol de tant de dévouement? Des armées furent formées aux deux extrémités des Pyrénées; on compléta les régimens, on leva quelques bataillons de milice. Les Français, pris au dépourvu sur cette frontière dégarnie de places, essuyèrent d'abord quelques échecs insignifians. Les faibles avantages des Espagnols se bornèrent à la prise de deux ou trois postes en Rousillon, et d'un ou deux villages dans le pays des Basques. L'Europe entière arrivant sur leurs frontières du nord et de l'est, l'intérieur inquiet, l'ouest dévoré par la guerre civile, les côtes menacées par les Anglais, ne permettaient alors aux Français que de présenter aux Pyrénées des bataillons novices. Si le gouvernement espagnol eût répondu à l'énergie de sa nation, si la guerre eût été conduite avec une capacité même médiocre, les armées espagnoles seraient arrivées en 1793 et 1794 sur les bords de la Garonne; mais leur valeur fut comme engourdie par la léthargie du cabinet de Madrid. Le favori faisait des plans de campagne, on les exécutait mal ; on n'entendait pas la guerre des montagnes. En voulant être partout, on n'était fort nulle part.

La guerre offensive avait le caractère de la défense, quand au contraire la défense des Français avait le caractère de la guerre offensive. Les actions de vigueur furent en petit nombre, et eurent de petits résultats. Les chefs espagnols montrèrent plus de bravoure que de talent : à peine se firent voir parmi eux quelques généraux du second ordre. Si l'idée qu'on s'était faite autrefois de l'énergie du caractère espagnol ne s'effaça pas entièrement, au moins fut-elle singlièrement modifiée, par ce qu'on put voir de leur organisation et de leur direction. Quand la république française eut augmenté ses forces et aguerri ses soldats, quand elle fut délivrée d'une partie de ses maux intérieurs, elle porta des forces plus grandes aux Pyrénées. En peu de temps les montagnes s'aplanirent devant le courage des républicains. Ceux qui passèrent les Pyrénées-Orientales s'emparèrent de San-Fernando de Figuières, réputée une des places fortes de l'Europe, abondamment pourvue de vivres et de munitions, et défendue par une garnison de dix mille hommes, avec plus de facilité que dix-huit mois auparavant les Espagnols n'en avaient eu à prendre, sur le territoire français, un château-fort et deux ou trois misérables bicoques. A leur droite, les Français envahirent les provinces de Biscaye et passèrent l'Èbre. Pampelune allait être assiégée, la Castille envahie, Madrid était menacée. Le roi d'Espagne se hâta de demander la paix; il avait satisfait à ses devoirs de parent, il crut avoir rempli ses devoirs de roi. Le ministre, sous les auspices duquel l'Espagne se réconciliait avec la France, par un traité où les sacrifices n'étaient pas mesurés sur les revers, prit le nom de prince de la Paix. Un général, âgé de trente ans, aurait pu ambitionner un autre titre.

La guerre avait appris quelle était la puissance de la France ; on n'avait pas besoin de cette expérience pour connaître la puissance de la révolution. Il fallait donc fortifier l'Espagne, et contre la révolution, et contre la France. L'occasion était favorable, une volonté toute-puissante dirigeait, animait une nation féconde en beaux génies et en grands caractères. Le premier ministre était à la fleur de l'âge ; la santé robuste et les mœurs sages du monarque lui promettaient une longue vieillesse. Quelle situation favorable pour retremper la monarchie, pour lui rendre de la force et de la jeunesse, pour mettre les gouverans au niveau des gouvernés !

Bien au contraire, l'Espagne se hâta de désarmer, la milice fut renvoyée dans ses foyers. Les cadres de vingt bataillons et de huit escadrons ajoutés à l'armée de ligne furent conservés ; mais on ne recruta plus les troupes. Les défauts de l'organisation militaire ne furent pas corrigés. Quand les lois de la France nouvelle vouaient indéfiniment aux armes la population toute entière, l'Espagne se privait de tous moyens de former promptement des armées, et l'on enlevait au peuple espagnol tout esprit militaire. La marche rapide des Français des bords de la Bidassoa aux bords de l'Èbre, ne donna pas même l'idée d'élever des retranchemens ou d'entretenir les forteresses. Le gouvernement manqua de fixité, les finances furent mal administrées ; on vécut sur les anciens abus.

La pensée ne vint même pas de prévenir les suites du mouvement européen, en se mettant à la tête du mouvement intérieur, et de faire taire le mécontentement de la partie éclairée de la nation, en l'appelant à une sage participation du pouvoir. La guerre faite aux institutions nationales depuis trois siècles, par les princes des maisons d'Autriche et de Bourbon, continua. C'en est fait des nations où les institutions ne fixent pas la durée des principes qui les constituent, où les intérêts ne sont pas représentés, où l'opinion publique est sans organe, où les maximes du gouvernement dépendent d'une volonté individuelle et variable. Ces nations peuvent durer un jour, jeter même quelque éclat; mais cet éclat est trompeur, ce calme mensonger. Sans les institutions, les empires se perdent, avec Napoléon dans les nues, avec Godoy dans la boue.

La France voulut que l'Espagne entrât dans sa querelle contre l'Angleterre [1]. L'Espagne désarmée et mal gouvernée, n'était pas maîtresse de choisir sa politique. Le pacte de famille fut renouvelé : le pacte de famille, entre la branche cadette des Bourbons, et la révolution qui venait d'exterminer la branche aînée, entre le roi catholique et la république ennemie des prêtres! Dès-lors, la marine absorba toutes les dépenses, et l'armée de terre fut encore plus négligée qu'auparavant. En cas de succès, cette guerre maritime aurait nui à l'Espagne, puisqu'elle eût augmenté encore la puissance

---

[1] Voyez à la fin du volume, la pièce n°. I.

relative de la France. Au contraire, des revers devaient faire perdre à l'Espagne ses colonies, ruiner sa marine, et empêcher les communications avec l'Amérique. Les flottes d'Espagne furent conduites dans les ports de France. Les flottes de France vinrent ruiner, épuiser les magasins des ports de l'Espagne [1].

Le prince de la Paix n'était pas ami des Français. Il était loin d'avoir du goût pour leur révolution, et avait montré de l'inclination pour l'Angleterre; mais il lui eût convenu d'être en paix avec tout le monde. Forcé de choisir entre deux puissances rivales, il se décida pour celle dont l'amitié garantissait plus immédiatement sa tranquillité, ses plaisirs, sa faveur et la honte de ses maîtres. Des suggestions étrangères le

---

[1] Dès la paix de Bâle, une escadre française entra dans le port de Cadix; il y en eut ensuite toujours une; même quand la flotte espagnole n'était pas dans le port de Brest. Arsenaux, vaisseaux, tout était en commun entre les deux puissances : c'était le partage du lion.

jetèrent de plus en plus, si non dans les intérêts de la France, du moins dans des rapports avec elle. On lui fit envisager que ce pays, las de révolution et incapable de se fixer, reviendrait tôt ou tard au sang de ses anciens maîtres; et, que pour éviter des réactions il irait les chercher dans la branche qui n'avait pas d'injures à venger. Il fut dupe de quelques intrigans, il inspira de la défiance au gouvernement français qui sollicita, et obtint du roi d'Espagne, en 1798, son renvoi du ministère. Il aliéna la reine, en entretenant publiquement à Aranjuez, Dona Josepha Tudo.

Charles IV était encore plus pacifique que son ministre; son penchant naturel le portait vers la nation française; la révolution le faisait trembler; l'échafaud de Louis XVI était toujours présent à ses yeux, il eût acheté à tout prix l'amitié de la république tant il craignait sa haine. Il était soigneux, recherché dans ses politesses envers les patriotes fougueux que lui envoyait la république, plus qu'il ne l'avait été envers les ambassadeurs de famille que lui envoyait le chef de sa maison.

En perdant le ministère, Godoy n'avait pas perdu la puissance; son crédit près du couple royal n'avait qu'augmenté; il faisait et défaisait les ministres, il était l'âme du gouvernement quand il avait cessé d'en être le bras. L'histoire n'a point à s'occuper des ministres qui ont été à la tête des différens départemens en Espagne depuis le chute du comte d'Aranda; qu'importe que les finances aient été régies par Gardozni, Varcles ou Soler? la marine par Valoz Varela, Grandellana ou Sol de Lemos? la guerre par Campo Alanze, Asanza, Alvarès ou par Olugace Félix? l'intérieur par Llazuno, Jovellanos ou Caballero? les affaires étrangères par Saavedra, Urquijo ou Cevallos? Ceux qui étaient médiocres ou rampans obtinrent et conservèrent le pouvoir par obéissance servile aux volontés du favori. Les autres n'eurent le temps de rendre aucun service à leur patrie : ils ne sont connus que par l'éclat des disgrâces que leur ont méritées un zèle ardent et un caractère élevé. Ainsi l'on a vu les comtes Florida Blanca et d'Aranda, expier dans l'exil le tort d'avoir voulu faire le bien dans des vues et d'une manière différente; le comte de Gabarrus allant de la prison et de l'exil à la cour s'approcher du pouvoir, sans le reprendre ; Don Miguel Joseph de Asanza paraître un instant au ministère de la guerre, et en sortir aussitôt pour faire place à l'oncle du favori; Don Gaspard Melchior de Jovellanos enfermé dans un couvent pour avoir fait entendre la voix de la vérité et de la raison dans un monde corrompu et ignorant; Don Francisco de Saavedra appelé à jouer le premier rôle dans le conseil, désigné dans l'opinion publique comme propre à le remplir, et empêché de justifier cette opinion par une retraite prématurée, qu'on motiva sur le mauvais état de sa santé ; Don Luiz Mariano de Urquijo investi jeune encore d'une grande faveur parce qu'on lui supposa un grand talent, fut précipité presqu'aussitôt dans un cachot parce qu'il se trouva que son caractère était égal à son talent.

Quand une main ferme comprima les factions en France, et anéantit l'esprit révolutionnaire, Charles IV applaudit avec enthousiasme au 18 brumaire. Il regarda son trône comme affermi par l'établissemeut du pouvoir de Napoléon.

L'existence d'un pouvoir plus concentré et plus énergique en France, resserra les nœuds de l'alliance [1]. La cour d'Espagne s'était mise long-temps en travers de l'inimitié qui regnait entre la France et le Portugal. Elle avait refusé au directoire la permission de faire passer les armées sur son territoire, pour joindre cette dernière puissance; il fallut céder au premier

---

[1] En mai 1799, Ofarril vint avec une division d'infanterie à Rochefort, sous prétexte d'expédition secrète. Peu de temps après, Mazaredo vint avec sa flotte dans le port de Brest. C'était pour que la France fût assurée des forces navales et terrestres de l'Espagne.

consul. En 1801, un corps de dix-huit mille Français traversa l'Espagne, et établit des camps d'observation en avant de Ciudad-Rodrigo. En même temps, une armée de quarante mille Espagnols s'assembla sur la rive gauche du Tage. Godoy commanda cette armée, et justifia dans une courte campagne son surnom de prince de la Paix. En vain, la France pressait la guerre par son ambassadeur, et par un général délégué près du prince de la Paix, la guerre se borna à la prise de quelques places sans défense, et à des courses de cavalerie. Charles IV ne voulait pas détrôner le prince régent du Portugal son gendre. Il servait malgré lui la politique de la France. Il ne voulait pas faire des conquêtes, que Bonaparte l'aurait peut-être contraint de garder. C'était le contraire des guerres ordinaires, où l'on ne fait pas de conquêtes, parce qu'on sait qu'on devra les rendre.

La campagne de 1801 devait être sans gloire

pour les armes espagnoles; elle fit faire à la maison de Bourbon d'Espagne un grand pas dans le mépris public. Le roi et la reine d'Espagne étaient à l'armée avec le favori. Prenant des formes de galanterie qui ne lui étaient pas naturelles, on le vit offrir pompeusement à la reine un bouquet d'oranges que quelques soldats avaient cueilli sur les glacis d'Elvas. Il parut à la tête de l'armée, conduisant en triomphe sa maîtresse, et suivi par le roi qui marchait derrière eux. Les soldats la portaient sur un palanquin tressé de feuillage. Marie-Louise avait cinquante ans, quand elle donnait ce spectacle au peuple et à l'armée.

La paix d'Amiens réconcilia l'Espagne avec l'Angleterre; l'Espagne perdit l'île de la Trinité, et eut en échange le district d'Olivença [1].

---

[1] L'Espagne ne demanda pas le reste du territoire sur la rive gauche du Guadiana, quoique ce fût nécessaire pour empêcher la contrebande qui est toute au désavantage de l'Espagne, tant que le Portugal est allié à l'Angleterre.

Il n'y avait pas compensation ; mais elle eût acheté par de bien plus grands sacrifices une paix qui lui était nécessaire pour rétablir sa marine, raviver ses colonies, et combler le gouffre du déficit. Par un traité accessoire à celui d'Amiens, conclu entre l'Espagne et la France, l'Espagne céda la Louisiane [1] à la France, qui donna en échange de cette colonie et de l'héritage de la maison Farnese, la Toscane érigée en royaume à l'infant Don Louis, fils du duc de Parme, marié à la seconde fille du roi d'Espagne.

Cet arrangement impliquait l'Espagne dans des combinaisons futures. Quelques hommes d'état rêvèrent alors la résurrection de l'Espagne dans la diplomatie européenne. Ils la virent présidant encore aux destinées de l'Italie, et placée comme un contre-poids entre l'Au-

[1] La France, qui ne pouvait pas défendre ses colonies, pouvait encore moins garder la Louisiane. On la prenait pour la vendre aux Américains ; on donnait au Mexique des voisins dangereux.

triche et la France. Cette idée fut accueillie, échauffée même par des hommes distingués de la république italienne qui, ayant une haine égale du joug français et du joug allemand, cherchaient au delà de la Méditerranée une protection à leur indépendance [1]. D'autres hommes d'état voyaient avec peine cette plus grande étendue donnée à une puissance, au moment où elle tendait à s'affaiblir. Ils voulaient que la puissance espagnole se concentrât dans la Péninsule. Ils jugeaient que la réunion du Portugal à l'Espagne, si on pouvait l'opérer sans trop de secousse, compléterait et renforcerait la monarchie, en mettant la Péninsule entière sous le même sceptre. Ils croyaient qu'on devait sacrifier à cette idée l'Italie, et même quelques possessions coloniales. Toutefois, aucune combinaison politique n'était plus permise à

---

[1] M. de Melzi, vice-président de la république italienne, était à la tête de cette opinion ; il avait des rapports de famille avec l'Espagne.

l'Espagne hors du rayon de la puissance française.

Ce n'était pas qu'il n'y eût un grand nombre de vieux Espagnols dès long-temps fatigués de leur asservissement à une politique, à un cabinet étrangers. Il y avait aussi des partisans de l'Angleterre. Ils n'étaient même pas rares dans les conseils de Madrid. Mais le temps était passé où l'Espagne pouvait délibérer. Bon gré, malgré, elle était lancée dans le système de la France. Il eût fallu, pour l'en détacher, un coup de force! Ce coup pouvait-il partir de la main débile et honteuse qui tenait les rênes du pouvoir!

De nouvelles preuves d'asservissement ne tardèrent pas à se reproduire. La paix d'Amiens étant rompue, la France se hâta de réclamer le secours stipulé par le traité d'alliance offensive et défensive. On rappela toutes les obligations qu'imposait à l'Espagne le pacte de famille et le traité conclu en 1796 à Saint-Ildephonse [1]. Le prince de la Paix parut vouloir reculer devant la teneur du traité. Un moment, on parla en Espagne de lever soixante mille hommes, et d'avoir une neutralité armée. La France menaça d'attaquer le crédit de Godoy. On désigna en sa place, dans les journaux français, le chevalier Azara [2], ambassadeur à la cour de France. Ce moyen était infaillible. L'Espagne acheta la neutralité moyennant l'engagement de payer annuellement à la France la somme de cinquante millions de francs.

Napoléon avait calculé que l'argent des Espagnols lui valait mieux que leurs secours. Les Anglais firent le même calcul; ils jugèrent qu'il valait mieux pour eux avoir l'Espagne

---

[1] Voyez à la fin du livre, pièce n° II.

[2] En ce temps, le chevalier d'Azara, ambassadeur espagnol en France, disait à Napoléon : « Quelle gloire auriez-vous, vous jeune et plein de vie, à me terrasser, moi vieux et cassé? » — Napoléon et Azara oubliaient que les peuples sont toujours jeunes.

ennemie, que neutre et donnant des sommes énormes à la France. Au milieu de la paix, quatre frégates espagnoles chargées de trésors furent attaquées, prises ou coulées par les vaisseaux anglais. Après cet attentat, le cabinet de Saint-James fit pour l'expliquer un manifeste mensonger; donnant ainsi l'exemple des injustices qu'une autre puissance devait ensuite faire éprouver à ce pays, préludant par un acte atroce sur mer aux iniquités qu'elle devait bientôt éprouver sur terre [1]. La nation fut encore précipitée malgré elle dans une guerre dont les résultats ne pouvaient lui être que funestes. L'outrage fait au pavillon espagnol, l'attaque cruelle et contraire au droit des gens, le mépris et la cruauté inspirèrent contre les Anglais un mouvement de haine,

---

[1] Si le cabinet de Saint-James avait déclaré publiquement et officiellement sa convention, au lieu d'endormir la nation espagnole et de prendre l'argent du gouvernement et des particuliers, la guerre eût paru juste et le procédé n'eût pas été odieux.

qui, du reste, eût cédé bientôt à des considérations d'utilité publique, s'il n'eût été relevé, soutenu, fomenté par la politique de la France. Le 14 décembre 1804, l'Espagne déclara la guerre à l'Angleterre [1]. Le manifeste était facile à rédiger; il y avait plus de motifs qu'il n'en fallait pour faire la guerre à l'Angleterre.

Charles IV déposa ses foudres vengeresses entre les mains de l'arbitre habituel de sa volonté, qui, depuis douze années, l'aidait à porter le poids de sa couronne. Le prince de la Paix, toujours chargé de la direction et du commandement des forces de terre et de mer, parla à la nation, lui représenta avec énergie les outrages de l'Angleterre, l'exhorta à faire tous les sacrifices pour la cause de la patrie et de l'honneur. On leva avec éclat une partie de la milice; on eut recours pour le recrutement de l'armée à des moyens inusités. Les compagnies de grenadiers et de chasseurs furent re-

---

[1] Voyez à la fin du livre pièce n° III.

tirés des régimens de milices pour former les quatre divisions de Vieille-Castille, de Nouvelle-Castille, d'Andalousie et de Galice. On créa, sous le nom de *tercios*, nom qu'avaient illustré autrefois les Espagnols dans les guerres d'Italie et de Flandre, un corps expéditionnaire composé d'infanterie et de cavalerie, destiné à la garde de la province de Buenos-Ayres. Le camp de Saint-Roch devant Gibraltar fut renforcé; on travailla pour mettre les côtes et les ports en état de défense. On mit sous les armes les compagnies de milices urbaines dans les ports.

Il y avait plus d'ostentation que de réalité dans ces préparatifs militaires. Le prince de la Paix n'avait pas assez d'élévation pour profiter de l'attaque des Anglais, et rendre sa nation forte, à tout hasard de l'emploi qu'elle aurait à donner à ses forces; il n'avait pas assez de talent ni de popularité pour mener à fin cette idée généreuse, quand même il l'aurait conçue. **Napoléon** se serait probablement opposé à l'augmentation des troupes de terre; elles ne furent pas mises au complet; on ne les réunit pas. Le gouvernement porta son attention et ses trésors au service de la marine. Les escadres espagnoles concoururent avec les escadres françaises à cette mémorable campagne navale de 1805 qui faillit être si funeste à l'Angleterre. Elles eurent une plus grande part dans les revers. La marine espagnole périt avec la marine française à Trafalgar.

L'Espagne était de moitié avec la France dans ses désastres maritimes, et la France triomphait seule sur terre. Charles IV avait applaudi au premier consul Bonaparte, vainqueur des factions dans son pays, conquérant la paix en Europe, plaidant et gagnant la cause de l'ordre et du pouvoir; mais il n'avait pu voir avec indifférence l'empereur Napoléon cimenter sans motif la restauration du trône par le sang d'un Bourbon, qui était bien plus éloigné que lui et les siens des droits à la couronne. Quand plus tard des écrits protégés par l'autorité proclamèrent impossible la coexistence de la maison de Bourbon et de la nouvelle dynastie française; quand des actes officiels du cabinet appuyaient les prétentions de Napoléon sur l'ancienne puissance des Bourbons et leur établissement sur les trois trônes de France, d'Espagne et de Naples; quand il annonça le projet de distribuer les trônes aux princes de sa maison; quand la voix publique lui attribua d'avoir dit que bientôt sa dynastie serait la plus vieille de l'Europe; alors le roi d'Espagne dut être inquiet et offensé.

Chez Napoléon, le pouvoir marchait à l'égal de la volonté. Il jugea utile de rassurer la cour d'Espagne. On parvint à lui persuader que, quelles que fussent les vues de l'Empereur pour la famille impériale, tout serait ajourné jusqu'à la mort du roi Charles; on lui dit que l'Empereur ne voudrait pas mécontenter son bon, son vieux, son fidèle allié. En effet, quel autre souverain, même pris parmi ses frères, lui eût garanti de la part de l'Espagne une faiblesse et une servilité si rassurante? On fit savoir que, le cas échéant, on s'occuperait du sort particulier de la reine et du prince de la Paix. La tranquillité de Charles une fois assurée pendant sa vie, et ensuite l'existence de la reine et du prince de la Paix, que fallait-il de plus à Charles IV? Godoy était son peuple et sa famille.

Le prince de la Paix ne partageait pas cette sécurité. Il voyait la haine du peuple espagnol comme un résultat nécessaire du malaise produit par la guerre. Encore dans la force de l'âge, il apercevait devant lui un avenir plus long, par conséquent nébuleux et menaçant. Napoléon l'effrayait encore plus que la révolution. Cet effroi était bien naturel. Incertain dans sa politique, il prêchait aux agens diplomatiques de l'Espagne l'alliance et l'amitié avec la France; et en même temps il les blâmait d'avoir trop et de trop étroits rapports avec les Français. Si l'ambassadeur, ou les agens de la puissance espagnole à Paris, consentaient à des sacrifices forcés, il leur reprochait leur condescendance comme indigne de la fierté castillane. Bientôt après il faisait plus de sacrifices encore, et descendait plus bas lui-même. Ses vues étaient sans fixité et sa marche incertaine. Dans l'état où était alors l'Espagne, la tâche eût été difficile pour un plus habile que lui.

Le renversement du trône de Naples fut la suite de la bataille d'Austerlitz. La politique de l'Espagne avait été séparée, et même opposée à celle du royaume des Deux-Siciles. Cette différence, qui tenait à la position topographique des deux états, n'avait pas rompu les liens de l'amitié entre les deux frères. Plus d'une fois Charles IV avait prévenu Ferdinand IV de ce qu'il allait faire par suite des combinaisons de la France, et ces avis transmis par Ferdinand aux Anglais avaient été mis à profit par ceux-ci pour la ruine de l'Espagne [1]. Il s'était interposé souvent comme

[1] Dans le testament de lord Nelson, pour moti-

médiateur entre la France et Ferdinand IV. Les liens entre les deux familles avaient été resserrés récemment par le mariage du prince des Asturies avec une fille du roi des Deux-Siciles. Le renversement de ce monarque affligea la cour d'Espagne. Elle tarda, elle hésita à reconnaître Joseph Bonaparte comme roi de Naples; c'était plutôt pudeur que politique. Napoléon s'indigna de l'hésitation. Alors il était occupé des préparatifs de la guerre de Prusse. Il dit en montant en voiture, pour aller rejoindre son armée en Franconie : Charles IV ne veut point reconnaître mon frère pour roi

---

ver un de ses legs en faveur de lady Hamilton, il dit qu'elle obtint, en 1796, une lettre du roi d'Espagne, par laquelle Sa Majesté informait le roi de Naples, son frère, de l'intention où elle était de faire la guerre à l'Angleterre. Cette lettre fut communiquée au cabinet britannique. Les ministres ordonnèrent à l'amiral Jordis, qui commandait alors les flottes britanniques, d'attaquer, si l'occasion favorable se présentait, les flottes, les ports du roi d'Espagne. sans attendre que la guerre fût déclarée.

des Deux-Siciles, son successeur le reconnaîtra.

Ce trait hostile était lancé. L'Angleterre avait saisi le joint : elle conçut l'espoir d'armer la Péninsule entière contre la France. Une flotte nombreuse, encore conduite par lord Saint-Vincent, parut, au mois d'août 1806, dans le Tage, ayant à bord un négociateur anglais et des troupes, afin d'entraîner la politique vacillante du cabinet de Lisbonne. Le baron de Strogonof, ambassadeur de Russie à Madrid, arrivé nouvellement d'Angleterre, avait préparé, en passant à Lisbonne, des dispositions éventuellement hostiles contre la France. Il était un moyen de rapprochement entre le prince de la Paix et ce cabinet.

Le pouvoir toujours croissant de la France tendait dès-lors à coaliser l'Europe entière contre elle. L'Espagne avait été l'amie de la France, tant que la France avait lutté contre les puissances qui avaient juré sa destruction. Les invasions d'Allemagne et d'Italie, les attaques contre l'Autriche avaient été la suite de la guerre défensive. L'Espagne avait autrefois conclu la paix avec la nouvelle république française, en même temps que la Prusse. Elle se trouvait donc, par rapport à la France, dans une situation à peu près semblable. L'attaque de la Prusse sortait du système de défense : c'était une attaque contre l'Europe ; c'était un sujet d'effroi pour les neutres et les alliés. L'Espagne devait donc entrer en lice pour étouffer une ambition dont elle-même, plus rapprochée, serait tôt ou tard la victime. Telles étaient les réflexions conformes à la justice et à la politique qui prirent crédit à ce moment dans le cabinet de Madrid.

L'AMBASSADEUR Strogonof prépara à Madrid, avec le prince de la Paix et l'ambassadeur de Portugal, un système d'agression contre la France. L'explosion devait avoir lieu au moment où la Russie entrerait en lice dans le nord de l'Europe. Les préparatifs devaient être ménagés avec art afin de distraire l'attention de la France. Le Portugal devait armer. L'Espagne devait lever des troupes et mobiliser de l'artillerie sous le prétexte de l'opposer aux armemens du Portugal. Des expéditions se rassemblaient dans les ports d'Angleterre. Tout-à-coup, et dans un moment décisif, une forte armée espagnole et portugaise, appuyée par des troupes anglaises et certainement par des moyens maritimes, devait se montrer dans le midi de la France et frapper un coup inattendu dans la portion de son territoire où il y avait le plus de sécurité et le moins de moyens de défense.

Tout cela se passait dans le cabinet du prince de la Paix. Aucun agent du gouvernement au dedans ni au dehors n'en était prévenu. L'exécution n'était pas commencée. Rien n'avait transpiré; il y avait encore loin de plans mal digérés et à peine ébauchés à un commencement d'exécution. Aucun rapport direct n'avait été entamé avec l'Angleterre. Pas une mesure n'avait été prise pour se procurer des hommes ou de l'argent.

Sous le ciel brûlant du midi on voit quelquefois, au milieu d'un beau jour et sans qu'il y ait un nuage au ciel, l'éclair briller, la foudre se faire entendre, et cependant tout est resté dans l'ordre accoutumé; à peine quelques légers nuages se sont amassés à l'horizon. Ainsi parut, inattendue pour tous, inintelligible à la plupart, la proclamation du 5 octobre du prince de la Paix [1]. Il appelait la nation aux armes, sans désigner le nouvel ennemi qu'elle aurait à combattre. Le style en était entortillé et l'objet insignifiant. Il rappelait Philippe V. Il demandait des chevaux à l'Estramadoure et à l'Andalousie. Des circulaires furent écrites aux intendans, aux évêques, aux corrégidors, aux capitaines-généraux des provinces; sans nommer l'ennemi qu'on voulait combattre, on le désignait de manière à ce qu'il ne pouvait

---

[1] Voyez à la fin du livre, pièce n° IV.

être méconnu ; on échauffait le patriotisme de la nation, pour obtenir d'elle des efforts aussi grands que la cause, où l'on allait se trouver engagé, était vaste et difficile. On annonça qu'on demanderait au peuple des bras, aux riches de l'argent. Une répartition de soixante mille recrues à fournir à l'instant par la voie du sort fut envoyée aux provinces. Un conseiller de finances, Don Sisto Espinosa, fut chargé de rédiger un plan de finances pour l'établissement de nouveaux impots. Rien ne devait être négligé *pour entrer avec gloire dans la lice qui va s'ouvrir.*

Personne en Europe n'était préparé à cette levée de boucliers de l'Espagne. La légèreté la plus coupable, l'ignorance la plus insigne, la présomption la plus absurde avaient inspiré cette manifestation éclatante, qui, n'étant appuyée sur aucune mesure effective, devait s'en aller en fumée. Le baron de Strogonof fut attéré de cette déclaration intempestive. Le Portugal se hâta de détruire les traces d'une connivence qui le rendait coupable aux yeux de Napoléon Déjà le parti français, l'emportant sur le parti anglais, avait forcé lord Saint-Vincent à s'éloigner de la rade de Lisbonne. Dans les cours étrangères, les agens diplomatiques, français et espagnols, se demandèrent s'ils devaient se considérer comme ennemis. Une division de cinq mille Espagnols, détachée en Étrurie sous les ordres de Don Gonzalo Ofarril, lieutenant-général pour garder le royaume contre les Anglais, eut à craindre d'être traitée comme ennemie par les troupes françaises éparpillées en Italie.

Dans ce même temps, les Anglais faisaient aux Espagnols tout le mal qu'ils pouvaient. Miranda aidé, soufflé par eux, venait de faire dans la province de Carraques, le premier essai d'une insurrection, qui devait finir par l'indépendance absolue du Nouveau-Monde; l'Angleterre tentait de révolutionner le Pérou par le colonel Bures, et d'intéresser les États-Unis en faveur des sujets de l'Espagne ; des troupes anglaises s'emparaient de Buénos-Ayres.

Pendant le laps de temps qui s'était écoulé entre la proclamation, la bataille d'Iéna avait eu lieu, et la monarchie prussienne avait disparu. Napoléon lut dans le palais de Frédéric, à Berlin, le manifeste belliqueux du prince de la Paix; les menaces ne l'effrayèrent pas. En réponse à l'armement et à la fanfaronnade de Godoy, il chargea le sénateur Lamartillière, vieillard plus que septuagénaire, d'organiser les gardes nationales des départemens frontières de l'Espagne.

Quand Napoléon n'aurait pas eu, par instinct et par ambition, le sentiment des maux que l'Espagne pouvait lui faire un jour, l'équipée du prince de la Paix était propre à lui démontrer l'évidence de cette vérité politique. L'Espagne presse la France à l'opposé de toutes les autres pressions; l'Espagne, entourée par la mer et n'ayant de contact qu'avec un État faible, n'est pas menacée par des agressions latérales, et, si elle est ennemie de la France, elle peut se précipiter avec toute sa puissance vers sa frontière du nord. Napoléon savait que derrière les Pyrénées un peuple généreux avait conservé de l'énergie, et n'avait pu être dégradé par la longue oppression d'un gouvernement sans gloire au dehors, et despotique au dedans. Il connaissait tout ce qu'on peut attendre des efforts des peuples, et surtout des peuples du midi, quand on les gouverne suivant leurs passions, et qu'on les dirige dans la sphère d'activité de leurs impressions morales. Un homme pouvait se trouver, qui régénérerait l'Espagne ; un prince pouvait régner, qui la laisserait se régénérer ; une révolution de palais, une émeute populaire, pouvait en donner le mouvement. Il n'était pas dit que l'Espagne serait toujours gouvernée par un roi faible, par une reine impudique, par un favori méprisé. Pendant que les aigles de la France volaient aux rives du Danube, et s'élançaient vers la Vistule, un autre ennemi restait à ses portes vers le midi. On n'est fort nulle part, quand on est vulnérable si profondément et si sérieusement par un point. L'accroissement de la puissance doit se faire par additions concentriques et dans tous les sens à la fois. Les armées françaises combattant en Pologne, en Bohême, en Autriche, pouvaient être tournées par l'armée ennemie qui se présente aux Pyrénées, puisque cette dernière armée serait plus proche de Paris. Le centre d'un royaume est en effet l'arc-boutant de sa puissance militaire. La soumission absolue, et avec une garantie stable, de l'Espagne, n'était-elle donc pas la conséquence naturelle et nécessaire de l'extension de la France au-delà des Alpes et du Rhin, ses limites naturelles. Telles étaient les pensées que suggérait à Napoléon la vaine proclamation de Godoy.

A ces vues saines et politiques, se joignaient peut-être des sentimens hostiles et même assez fondés contre la race qui avait occupé le trône sur laquelle la révolution et son épée l'avaient placé. Il convenait peut-être à sa politique ou d'effacer tout-à-fait les princes de cette famille du tableau des souverains européens, ou, si cette tâche était trop difficile, de les mêler à son propre sang, de les incorporer à sa famille. Peut-être jugeait-il aussi l'occupation de l'Espagne par l'armée française nécessaire à l'accomplissement des vues dont son génie immense n'avait encore laissé apercevoir qu'une partie. Il avait les yeux tournés vers la Méditerranée. Aux premières années de sa jeunesse, il avait voulu aller servir en Turquie. Il avait rêvé l'indépendance et la révolution de l'Asie-Mineure; plus tard il avait conquis l'Égypte. Dans son projet d'affranchir l'Europe du joug de l'Angleterre, il avait dit souvent que l'Afrique remplacerait l'Amérique pour le vieux continent, et que les côtes du nord de cette vaste partie du monde donneraient un jour en abondance ces denrées précieuses que l'Europe demande à l'Amérique, et que l'Angleterre s'est chargée de distribuer. Toutes les beautés de la nature, tous les prodiges des arts, les débris et les trophées de la civilisation sont épars autour de la Méditerranée. Ses rivages sont habités, là, par les peuples les plus ingénieux, les plus passionnés; là, par des conquérans barbares. Napoléon disait parfois que la Méditerranée serait le lac français. Pour y parvenir, malgré la domination des Anglais sur mer, il fallait traverser l'Espagne, avoir la place d'Algésiras et les ports d'Andalousie.

Une lutte avec l'Espagne était donc à peu près rendue inévitable par le développement de la puissance de la France et les progrès de l'empire colossal de Napoléon; mais qu'il nous soit permis de regretter que cette lutte n'ait pas eu lieu d'une manière moins terrible pour les deux nations, moins outrageante pour la morale publique. Pourquoi la situation où se trouvait alors l'Europe, n'a-t-elle pas permis à Napoléon d'accourir à l'instant en Espagne avec ses phalanges victorieuses ? La déconsidération où était le gouvernement espagnol et le sentiment de justice qui règne chez les Espagnols, leur aurait fait rejeter l'odieux de la guerre sur l'imprudent qui l'avait suscitée. En supposant que la nation ne se fût pas séparée du gouvernement, et n'eût pas couru au-devant de Napoléon, au moins il est certain qu'elle n'aurait pas fait d'efforts extraordinaires, de levées en masse; que les Espagnols se seraient contentés de remplir régulièrement leurs devoirs de bons et loyaux sujets.

Voyons quelle force Napoléon aurait eu en ce cas à combattre. Les recherches sur cette matière se lient à notre sujet, car l'invasion de l'Espagne étant venue un an après l'époque qui nous occupe, nous aurons eu d'avance sous les yeux le tableau de la puissance militaire régulière de l'Espagne.

L'Espagne avait alors près de douze millions d'habitans en Europe. Les revenus de l'État ne suffisaient pas pour payer les dépenses; cependant les impôts étaient onéreux, quant au fond et quant au mode de perception. La guerre maritime, en diminuant les produits des colonies et en portant un coup mortel au commerce, tarissait les sources principales de l'opulence. La dette, quoique peu considérable en raison des ressources du pays, était énorme, parce que la guerre ruinait le crédit public, et parce que, malgré la vente de quelques biens ecclésiastiques, la guerre détournait les fonds destinés à l'amortissement. Le service public était en souffrance partout; le recrutement des troupes et la réparation des fortifications étaient interrompus. Il y avait un arriéré considérable dans tous les services; certains régimens de l'armée de terre et la marine éprouvaient un arriéré de solde de quatorze mois. Mais comme l'Espagne, si elle eût fait la guerre à la France, aurait eu l'alliance et les subsides de l'Angleterre, il faut admettre la supposition que l'argent ne lui aurait pas manqué pour payer le courant.

L'armée espagnole, distincte de l'armée permanente employée en Amérique [1], pouvait, en l'année 1807, par son organisation, être forte de quatre-vingt mille hommes, dont seize mille à cheval sur le pied de paix ; il fallait y ajouter près de trente mille hommes de milice, dont une partie avait été levée lors de la dernière rupture avec l'Angleterre, et dont le reste pouvait l'être en quinze jours. L'incomplet habituel réduisait cette quantité à moins de cent mille hommes, y compris les six mille détachés en Toscane, les garnisons d'Afrique, des îles Baléares et des Canaries.

L'armée, passant du pied de paix au pied de guerre, aurait pu recevoir une augmentation de cinquante-six mille hommes, toute imputable

---

[1] L'établissement militaire des colonies espagnoles était formé par royaumes, provinces et îles ; il consistait en régimens de ligne, vétérans, milices disciplinées blanches et noires ; gardes urbaines, volontaires à pied et à cheval ; troupe d'artillerie et ingénieurs.

Les officiers-généraux étaient communs à l'armée continentale et à l'armée des colonies.

sur l'infanterie, en gardant les régimens de milice toujours complets. Elle se recrute par la voie de l'enrôlement volontaire, et, dans les cas urgens, par la *quinta*, tirage au sort qui ne diffère de la conscription militaire établie en France, que parce qu'il ne s'étendait pas à toutes les provinces, et parce qu'il comprenait un grand nombre d'exceptions. Le tirage au sort était aussi le moyen de recrutement des régimens de milice.

Le prince de la Paix, nommé généralissime des troupes de terre, avait réorganisé l'armée en 1803, et lui avait donné des règlemens calqués sur ceux de France. Il avait augmenté la solde des officiers, et aucun soldat, en Europe, excepté le soldat anglais, ne recevait une solde plus forte que le soldat espagnol [1] ; l'enrôlement était pour un temps limité ; la discipline douce

---

[1] Des retraites, après un certain temps de service, étaient assurées aux officiers. Les soldats trouvaient le repos dans des compagnies d'invalides.

et facile. Il semblerait donc que le métier de soldat devait s'accorder avec l'instinct contemplatif et la paresse innée des Espagnols ; cependant ils montraient une répugnance extrême pour le service militaire, particulièrement pour le service de l'infanterie. Le recrutement volontaire se faisait presque exclusivement dans les villes, et se nourrissait des vices et des désordres de la société. L'emploi de la quinta était odieux à la nation : le gouvernement n'y avait recours que dans les circonstances extraordinaires.

Le courage est comme l'amour ; il a besoin d'aliment et de stimulant : une longue paix, l'isolement topographique, l'assoupissement du gouvernement, avaient presque éteint l'esprit guerrier chez une nation, qui avait rempli le monde de sa renommée. Tout retentissait au dehors du bruit des armes, et, en Espagne, on n'apercevait même pas un simulacre de la guerre ; jamais le souverain n'avait endossé l'habit des soldats ; la haute noblesse avait oublié à quel prix ses ancêtres avaient acheté leurs grandeurs et leurs titres ; les armes étaient à peine une carrière; il n'y avait pas de ces camps de manœuvres, de ces grandes garnisons où les régimens apprennent à se connaître et à servir ensemble. Les officiers passaient, dans des petites garnisons, une vie monotone et obscure, au café, dans la paresse, sans émulation, accoutumés à une familiarité basse; aucune école d'instruction positive; point de sentimens généreux : la religion du point d'honneur était même tombée dans le relâchement.

L'Espagnol a reçu de la nature la plupart des qualités propres à faire un bon soldat : il est religieux, et la religion, en élevant les pensées de l'homme, le rend plus propre à cette abnégation de soi-même, à cette exaltation morale, à ce sacrifice de tous les momens, dont la guerre offre chaque jour l'occasion. Calme et rempli de principes de justice, il est subordonné par nature, si l'ordre n'est pas absurde; il est susceptible d'enthousiasme pour un chef habile et capable. Sa sobriété est extrême; sa patience est à toute épreuve : il vit d'une sardine ou d'un morceau d'ail frotté contre un morceau de pain; le lit est pour lui une superfluité, il a l'habitude de coucher sur la dure et à la belle étoile. Après les Français, les Espagnols sont les premiers pour marcher longtemps et gravir les montagnes. Le soldat espagnol n'est ni mutin, ni raisonneur, ni querelleur, ni libertin, et s'enivre rarement. Il a moins d'intelligence que les Français; il en a plus que les Allemands et les Anglais; il aime la patrie, il en parle avec enthousiasme; il n'a qu'un vice anti-militaire, c'est la malpropreté et des habitudes paresseuses qui engendrent les maladies, et répandent, parmi les malades, un abattement désorganisateur.

Il y a peu de discipline dans les armées espagnoles [1]; les sous-officiers y avaient peu de

---

[1] Les lois pénales sont d'une grande douceur; les

considération ; un tiers des places d'officiers était à eux : les deux autres tiers appartenaient aux cadets. Les cadets devaient, d'après les anciens règlemens, faire des preuves de noblesse[1]. C'était peu de chose, dans un pays où le vingtième de la population est noble. Toutefois, on ne les exigeait plus que dans une partie de la cavalerie. Autant l'avancement nombreux de sous-officiers est bon, utile dans une armée recrutée entièrement par la conscription militaire, autant il est abusif dans une armée formée de l'écume de la population ? Les sous-

militaires ne sont justiciables des conseils de guerre pour les délits de toute espèce ; la peine de mort était rare et ne pouvait être appliquée qu'après l'approbation du roi ou du capitaine général de la province.

[1] Une partie des nobles quittent le service après quelques années et les officiers de fortune jamais, il arrivait que ceux-ci avaient la moitié des emplois au moins. L'espèce provenant du recrutement ne suffisait pas à cette consommation. De là a dû résulter une masse de mauvais officiers.

officiers espagnols présentaient peu d'étoffe pour l'avancement. D'un autre côté, ceux qui avaient donné à leurs enfans une éducation libérale, répugnaient à les faire entrer dans une carrière de dérèglement. L'église, la justice et les emplois civils, absorbaient ceux qui avaient reçu de l'éducation. Aucune étude, aucun enseignement préliminaire n'était exigé pour devenir officier d'infanterie ou de cavalerie. Des écoles fondées autrefois à Puerto de Santa-Maria, pour la première de ces armes, et à Ocana pour la seconde, avaient été supprimées depuis vingt ans [1]. Depuis cette époque, on s'aperçut d'une décadence parmi les officiers de l'armée. Ils étaient en général d'une qualité inférieure à leurs soldats, sous le rapport de l'éducation, de l'instruction et de la capacité. Pendant long temps les grands s'étaient tenus à l'é-

---

[1] Les académies militaires de Zamora et de Barcelonne, où des officiers de génie enseignaient les mathématiques à quelques cadets et officiers tirés des régimens, n'y suppléaient pas.

cart des armées : ils y reparaissaient depuis le règne de Charles III ; mais là comme ailleurs, pour envahir rapidement des grades non mérités. L'avancement des officiers était arbitraire, susceptible de changement dans ses règles.

Outre un petit nombre de capitaines généraux, grade équivalent à celui de maréchal dans les autres armées de l'Europe, et qui n'était donné qu'à des vieillards après un long commandement ou accordé à une faveur immense, l'Espagne avait quatre-vingt-six lieutenans-généraux, cent trente-neuf maréchaux-de-camp, mille cent quatre-vingt-treize brigadiers. Presque tous les officiers-généraux étaient employés, les uns dans le service des provinces et des places, les autres dans l'inspection des différentes armes [1]. Les brigadiers

---

[1] Chaque province avait un commandant militaire ayant le titre de capitaine général de la province,

avaient des régimens et des emplois. Il y avait quelques grades au-dessus de l'emploi dans les régimens, particulièrement en officiers supérieurs ; point de grades sans fonctions, pas de commandemens sans résidence.

Quoique l'avancement fût arbitraire, les officiers généraux de l'armée espagnole n'arrivaient ordinairement à ce grade qu'après de longs et bons services. Aucun d'eux n'était connu en Europe pour avoir déployé des talens militaires sur une grande échelle. Tous avaient fait la guerre de 1793 contre la France; la plupart s'y étaient distingués dans les emplois de l'état-major, et à la tête des régimens.

chargé de la conduite des gens de guerre, de la surveillance de la haute-police et président né du tribunal.

Chaque place avait un commandant militaire et un état-major. Le commandant avait le titre de gouverneur politique et militaire, quand il était en même temps chargé du pouvoir civil, et en cette qualité chef de la municipalité.

Les plus anciens, les plus renommés sortaient de ces écoles qui avaient été formées sous l'influence de Ricardo. Le favori, étranger à l'art de la guerre, était incapable de les apprécier, mais avait le désir d'en tirer parti, et il était favorable à ceux qui passaient pour avoir du mérite.

L'armée espagnole n'avait pas d'état-major. Ce service était fait à la guerre par des officiers généraux désignés, et par d'autres officiers qu'on tirait de la ligne au moment où l'on se disposait à entrer en campagne. L'instruction de l'armée n'était pas dirigée vers la stratégie et la grande guerre. Les Espagnols n'ont d'ouvrages techniques sur le métier de la guerre que ceux traduits des autres langues. Le marquis de Santa-Cruz, leur Follard, a écrit très-prolixement tout ce qu'on devine par l'expérience de la guerre : il n'a pas écrit ce qu'il faudrait apprendre.

Un corps d'intendans et de commissaires des guerres était chargé de l'administration de l'armée, comptabilité, vivres, etc..... Un corps de chirurgiens militaires était attaché aux régimens et aux hôpitaux. Les règlemens français d'administration avaient été appliqués à tous les services espagnols. Depuis Philippe V, et surtout depuis Napoléon, il n'y avait eu d'institution à la mode en Espagne que celles qui avaient traversé les Pyrénées.

La maison du roi tenait le premier rang dans l'armée; c'était la contre-épreuve de ce que Philippe V avait vu à Versailles. Elle se composait de trois compagnies de gardes-du-corps, d'une compagnie de hallebardiers[1], de deux régimens des gardes espagnoles et

---

[1] Les gardes-du-corps et hallebardiers sont attachés spécialement, les premiers à la personne, les autres au palais du monarque.

wallones, formant ensemble un corps de six mille hommes, de la brigade des carabiniers royaux forte de six escadrons, plus de six cents chevaux.

Les gardes-du-corps étaient pris dans les classes aisées de la société, et offraient par leur moralité et leur éducation une garantie particulière de dévouement au monarque ; chargés de défendre sa personne, ils étaient une troupe à peu près inutile pour la guerre. L'opinion de tous les militaires de l'Europe a fait justice de ces corps d'officiers-soldats qui ne sont ni l'un ni l'autre, où le talent est dépensé sans profit pour le pays, où la bravoure personnelle est perdue par le défaut de discipline, qui peuvent par hasard se montrer avec éclat un jour donné, mais qui ne peuvent résister à une ou plusieurs campagnes. Le poignard du fanatique ne menace guères la vie des rois de l'Europe. D'ailleurs, ce genre de dangers est de nature à ne pas être prévenu par des compagnies de gardes-du-corps : un gouvernement conforme aux intérêts des peuples et aux lumières du siècle, est une bien meilleure sécurité.

Les autres troupes de la maison du roi étaient des corps d'élite. On les recrutait avec plus de soin que le reste de l'armée. On les payait mieux. On en exigeait davantage à la guerre. Les gardes wallones se sont illustrées dans la guerre de la Succession. Ce corps fut formé d'abord d'officiers et de soldats flamands, pour conserver à l'Espagne les souvenirs de l'attachement des peuples arrachés à sa domination ; ce lien, se dénouant de jour en jour, on les avait recrutées avec des déserteurs de tous les pays. En dernier lieu, on y avait laissé entrer les nationaux. L'ombre de Gonzalve se fût indignée en apprenant que dans une armée castillane, un régiment formé de Flamands et d'autres étrangers ait passé pour le meilleur.

Les carabiniers se recrutaient dans toute la cavalerie parmi les vieux soldats et les meilleurs sujets. Ils s'engageaient pour la vie, et renonçaient au mariage; c'était la meilleure cavalerie d'Espagne. Il y avait quatre escadrons de grosse cavalerie, et deux escadrons de cavalerie légère, créés en dernier lieu pour former la garde particulière du prince de la Paix.

L'infanterie espagnole se composait de trente-neuf régimens de trois bataillons chacun, dont quatre étaient dits d'infanterie étrangère, parce qu'on les recrutait autant que possible avec des étrangers, et parce que les officiers étaient en général d'origine étrangère. Quelques-uns de ces régimens étaient d'une création antérieure aux Bourbons. Plusieurs avaient été institués par Charles-Quint. Le plus ancien de tous portait le nom *immémorial del rey*, et il n'était pas resté mémoire de la date de sa création. Six régimens suisses de deux bataillons furent introduits par les rois de la maison de Bourbon. Douze bataillons d'infanterie légère, armés comme l'infanterie de ligne, n'en différaient que par la couleur de l'habit qui était bleu, tandis que celui de l'infanterie nationale était blanc. La plupart de ces bataillons étaient d'une création postérieure à l'époque de la révolution française. Chaque régiment d'infanterie de ligne avait un colonel, un lieutenant-colonel, un commandant qui était aussi du grade de lieutenant-colonel, et un major (*sargento mayor*). Chaque bataillon d'infanterie légère n'avait que deux officiers supérieurs, un commandant et un major. Les bataillons de ligne étaient de quatre compagnies; deux compagnies du premier bataillon étaient de grenadiers. Quand cette organisation bizarre avait eu lieu, on s'était proposé d'extraire habituellement des régimens pendant la guerre, les compagnies de grenadiers, pour en former des divisions ou bataillons séparés, et de réunir ensuite les soldats des trois bataillons en deux, qui seraient les bataillons de campagne : le cadre du troisième restant au dépôt.

Quarante-deux régimens de milice formaient en temps de guerre une infanterie plus nationale, plus brave, susceptible de plus grandes choses, que l'infanterie ordinaire. Cette institution avait été aussi empruntée à la France par Philippe IV. Charles III l'avait augmentée. Ces régimens étaient dans les seules provinces de la couronne de Castille, et recrutés par la voie du sort dans les provinces dont ils portent le nom. Ils étaient toujours au complet. L'État les armait, les habillait, les équipait, et payait en tout temps une portion de solde aux officiers. Pendant la paix, ils ne sortaient pas de chez eux, et ils vaquaient à leurs travaux, excepté pendant un mois, durant lequel on les payait. Les régimens de milice n'étaient composés que d'un bataillon, et commandés par un colonel et un major. Le colonel était ordinairement un homme considérable dans le pays, et le major, un officier supérieur de l'armée. Il n'y avait que deux compagnies dans le bataillon, dont une de grenadiers et une de chasseurs. A la guerre, on réunissait ensemble les compagnies de grenadiers et de chasseurs d'une même province, et elles formaient quatre divisions de grenadiers provinciaux de Vieille-Castille, de Nouvelle - Castille, d'Andalousie et de Galice. Ces divisions, composées des meilleurs soldats de la nation, étaient des troupes d'élite, préférables même aux régimens de la maison du roi.

Il existait quelques corps de milices urbaines [1], habillés en uniforme, mais peu nombreux; ils avaient été créés par Charles III, pour suppléer au défaut de garnison dans les places de guerre, et dans les ports exposés aux

---

[1] Les milices urbaines n'avaient pas de solde. Leur service était borné à la défense des villes où elles résidaient : cent trente compagnies, parmi lesquelles celles employées spécialement à la garde des côtes, à l'observation de Gibraltar et aux présides d'Afrique.

Anglais et aux Portugais ; enfin, quelques vétérans étaient chargés de la garde des maisons royales, des villes et de quelques forteresses ; quelques compagnies franches spécialement employées à la garde des côtes d'Andalousie, et aux présides d'Afrique.

La nation n'avait aucune organisation militaire ou de gardes nationales. Il n'était pas resté vestige des confréries, ni des troupes communales de Castille et d'Aragon du quinzième siècle. La seule province de Biscaye avait des levées en masse régulière, obligées d'accourir à la défense du territoire dans un délai, et suivant des formes déterminées par les lois. Les *somatenes* de la Catalogne avaient disparu avec les priviléges, et la liberté de leur province. La noblesse même dans les provinces où son petit nombre, son aisance et ses mœurs la distinguaient du reste de la population, n'avait aucune organisation de milice que les *maestranzas*, espèce d'associations de chevalerie composées de quelques centaines de nobles à cheval ; elles existaient dans les villes de Valence, Seville, Grenade et Ronda, et ne servaient qu'à parader dans quelques divertissemens et fêtes publiques. Pendant la campagne désastreuse de 1706, où les Portugais s'emparèrent de Madrid, Philippe V ordonna à sa noblesse de Castille de se rendre à l'armée du maréchal de Berwick, à Sopétran, avec armes et bagages. Un très-petit nombre de nobles obéit à l'appel du souverain, et ils ne furent bons à rien. Le changement des mœurs de la noblesse, et le perfectionnement de l'art de la guerre eussent rendu cette mesure plus infructueuse encore à l'époque dont nous parlons, quand même elle se fût accordée avec la politique.

L'histoire a consacré les plaines de Rocroi comme le tombeau de l'infanterie espagnole. La cavalerie a conservé jusque pendant la guerre de la Succession son ancienne renommée. Elle l'a perdue depuis cette époque. L'Espagne qui, au temps de Charles-Quint, aurait pu fournir cent mille chevaux pour la guerre, n'a plus de haras que dans une seule province. Les chevaux andalous ardens, dociles avec leurs belles formes, ont quelque chose de la fanfaronnade de de cette province, la Gascogne de l'Espagne [1]. Ils n'ont pas l'étoffe et la force nécessaires pour le coup de poitrail de la grosse cavalerie. Ils ne sont pas robustes, infatigables, comme il le faut pour le service de la cavalerie légère. C'est la multiplication des mules, qui a fait dégénérer les chevaux. On ne cultive les terres qu'avec des bœufs ou avec des mules; les transports de l'agriculture et du commerce, se font avec des mulets et avec des ânes. Les chevaux sont un luxe, et en dehors des besoins. Les races ont été en s'amoindrissant depuis la conquête sur les Maures, et depuis l'extinction de l'esprit militaire.

Toute la cavalerie de l'Espagne allait à douze mille chevaux en vingt-quatre régimens, cha-

---

[1] *Mozo arrogante sobre un cavallo assombroso.*

cun de cinq escadrons, et qui n'étaient jamais complets[1]. Chaque régiment est commandé par un colonel, un lieutenant-colonel et un major. Il y avait dragons, chasseurs et hussards, tout cela distingué entre eux plus par la couleur que par l'armement et l'équipement. La cavalerie espagnole était mal dressée, et dans un état inférieur à l'infanterie.

L'ARTILLERIE espagnole, formée sur le modèle français à l'avénement de Philippe V, avait suivi dans son personnel et son matériel les variations et les améliorations de l'artillerie française[2]. Elle s'était, comme elle, dégrossie

---

[1] La cavalerie espagnole est montée sur des chevaux jeunes, délicats, entiers. Elle manque de force et de solidité ; avec elle, les affaires sont promptes et sans ressources. Elle aurait besoin d'une cavalerie plus flegmatique, plus solide pour l'appuyer.

Les différentes armes se distinguent par l'armement et non par les chevaux, car l'espèce est la même.

[2] Les Espagnols furent des premiers dans les guerres

vers l'année 1780, et avait adopté les calibres légers. Elle avait eu des canonniers à cheval en 1763. Dès la guerre de la Succession elle avait même eu un perfectionnement de luxe inconnu à l'artillerie française, les canons de fer battu. Le personnel, resté le même depuis Philippe V, avait subi une nouvelle organisation en 1807. Le généralissime avait remplacé l'ancien chef du corps, et avait communiqué ses ordres par un chef d'état-major pris parmi les officiers généraux du corps [1]. Il y avait quatre régimens d'artillerie de dix compagnies chacun, et dans les quarante compagnies, six de canonniers à

du quinzième siècle, à conduire du canon en bataille. Ils en avaient beaucoup, ils en avaient de très-gros et de très-petits. Les Français sur ce point, comme sur beaucoup d'autres, ont été leurs maîtres. Charles VIII, descendant en Italie, apprit le premier ce qu'était une artillerie mobile pour la bataille.

[1] Vallière, officier d'artillerie de France, le plus en réputation à l'époque où il a vécu, fut employé à mettre l'artillerie de Philippe V sur le pied de celle de Louis XIV.

cheval; en outre, soixante-quatorze compagnies de canonniers miliciens sans officiers ni sergens, simples agrégés au corps des canonniers vétérans, et cinq compagnies d'ouvriers. Le matériel était comme en France réuni au personnel. Il y avait cinq dépôts d'artillerie, y compris celui de Ségovie, où est l'école des élèves. Un régiment d'artillerie était en garnison dans chaque chef-lieu. Les arsenaux de construction étaient dans les écoles. Un corps spécial de commissaires des guerres était attaché à la comptabilité du matériel. L'Espagne n'avait pas de train d'artillerie organisé militairement [1]. L'Espagne abonde en matériaux pour la guerre, fer, plomb, salpêtre. On entretenait deux fonderies, de canons de bronze pour le service de terre à Séville et à Barcelone, de canons de fer pour le service de mer à la

---

[1] Elle s'en procure à la guerre, par des marchés passés avec des muletiers, ou par des réquisitions de bœufs.

Cavada, près de Sant-Ander. Les fabriques de fer coulé et d'armes à feu sont à portée des forges dans la Biscaye et les Asturies, mais ont le grave inconvénient d'être exposées à être enlevées et détruites par la guerre.

Le corps des ingénieurs espagnols avait été créé en 1711; l'organisation en fut confiée à un officier général français nommé Vorbon, qui y porta l'influence du génie de Vauban autant qu'elle pouvait s'appliquer au caractère espagnol. Les ingénieurs espagnols étaient chargés des travaux de fortification et de l'architecture civile. On leur dut, outre quelques raccommodages de places, deux places nouvelles, le fort de San-Fernando de Figuières et le fort de la Conception, à la frontière du Portugal. Ces deux places, trophées du génie espagnol pendant le dix-huitième siècle, attestent plutôt la magnificence du souverain et le talent des architectes et des maçons, que la capacité des ingénieurs. San-Fernando offre le luxe des fortifications et de la bâtisse, sans défilement et sans rien qui annonce le projet d'adapter tant de luxe à la localité. A la Conception, où il ne s'agissait que d'occuper le sommet d'un plateau, on pouvait obtenir le même résultat avec une dépense dix fois moindre.

Dans les travaux civils, les ingénieurs ont concouru aux projets de canaux et à l'exécution de belles routes qui traversent la Péninsule. Ils ont montré dans la guerre de 1793 peu d'entente des retranchemens de campagne. La prise de Bellegarde et de quelques fortins en Rousillon n'ajoute rien à leur gloire. Ayant peu fait la guerre, ils n'avaient sur l'attaque et la défense des places qu'une théorie médiocre empruntée des livres français. Le prince de la Paix avait donné en 1803 au génie une organisation analogue à celle de l'artillerie ; il lui avait appliqué les règlemens du service français, avec cette seule différence que les directeurs des fortifications en France ne reçoivent d'ordre que du ministre, et qu'en Espagne leurs travaux étaient subordonnés dans chaque province à une junte présidée par le capitaine général, et dont les officiers d'artillerie faisaient partie. Un régiment du génie, composé de huit compagnies de sapeurs et deux de mineurs, était contemporain du corps de l'artillerie. Les ingénieurs étaient chargés de l'instruction à l'école de Zamora, où l'on enseignait un certain nombre d'officiers et de cadets de l'armée. L'école du génie elle-même à Alcala de Henarès était théorique et pratique, et avait été établie en 1803.

La direction des affaires militaires était confiée à un conseil de guerre et à un secrétaire d'état. Ce conseil de guerre avant les Bourbons avait le ministère entier, nomination, avancement, direction des armées. Par l'institution des secrétaires d'état, il ne lui était resté que des fonctions judiciaires et honorifiques. Chaque arme avait un inspecteur général qui travaillait avec le ministre pour le personnel, et celui-ci recevait les ordres du roi, et, dans les derniers temps, du prince de la Paix qui gérait la royauté.

Ainsi l'Espagne avait en 1806 une armée, où les généraux et les gens capables étaient en petit nombre, mais qui, dans des circonstances ordinaires, aurait pu lutter contre toute autre, et qui portait en elle des germes d'amélioration. Mais pour militariser cette armée, pour la faire passer subitement de l'état de paix à l'état de guerre, pour improviser une agression contre une puissance aussi redoutable que la France, il fallait une volonté forte et éclairée, il fallait l'aide de la nation et du patriotisme. Or, pouvait-on croire au talent de l'homme ignoble qui exerçait le pouvoir ? pouvait-on espérer que la nation coopérerait avec joie à une guerre que l'opinion aurait réprouvée, et qu'elle aurait regardée comme l'œuvre du favori.

Le prince de la Paix avait à peine laissé

échapper son manifeste belliqueux, quand la nouvelle de la bataille d'Iéna arriva à Madrid. Roi, reine, favori, ministres, tous furent consternés. Les hommes sensés s'étaient demandé l'un à l'autre, avec inquiétude, quel pouvait être l'objet de cette proclamation belliqueuse; ils cherchaient avec effroi quel en serait le résultat. Cependant, le gouvernement se hâta de donner aux capitaines généraux et évêques, intendans, l'ordre de regarder comme non avenue la circulaire du mois d'octobre. Ses agens firent insérer, dans toutes les gazettes de l'Europe, des articles tendans à prévenir les coups qui allaient frapper l'Espagne. Les uns disaient que la proclamation était apocryphe, et qu'elle avait été forgée à Madrid par un ennemi du gouvernement; d'autres annonçaient que les intrigues de l'Angleterre à la cour de Turquie, avaient déterminé l'empereur de Maroc à faire une descente en Andalousie, à la tête de quarante mille Maures, et que l'appel au patriotisme des Espagnols était pour repousser et jeter dans la mer les Mécréans, qui ont laissé en Espagne tant et de si affreux souvenirs. D'autres, rejetant les interprétations défavorables que la malveillance voulait donner aux actes nouveaux du cabinet de Madrid, disaient que l'augmentation des forces était nécessaire pour prévenir les nouveaux efforts qu'allaient tenter les ennemis éternels du continent, contre un système intimement lié à la France par ses intérêts et sa situation, encore plus que par son inclination et ses habitudes.

Des articles de journaux [1] eussent fait peu d'impression sur l'esprit de Napoléon. Godoy s'abaissa devant lui, confessa sa très-grande faute, et demanda merci. Il chercha à gagner les bonnes grâces de Murat et de la grande duchesse; elles devaient un jour lui être encore plus utiles qu'il ne le pensait alors. Il sema l'or et les présens parmi les agens de la diplomatie française. Don Eugenio Izquierdo courut à

---

[1] Voyez à la fin du livre, pièce n° V.

Berlin pour apaiser l'empereur. Izquierdo était l'agent particulier de Godoy; nous le verrons bientôt jouer, en cette qualité, un rôle plus marquant. Godoy avait sa diplomatie distincte de celle du roi. Il faut dire, à l'honneur des agens diplomatiques de l'Espagne, que toujours se tenant dans la ligne des devoirs positifs, ils ont été constamment étrangers aux intrigues et aux turpitudes de cette époque.

Napoléon, vainqueur à Iéna, avait encore à combattre les débris de la Prusse et la Russie entière; il savait que rien n'était fait quand il lui restait encore quelque chose à faire. La fortune et le pouvoir ne l'avaient pas encore rempli de cette ivresse qui, quelques années plus tard, lui donna le transport au cerveau. Il ne crut pas qu'il fût possible à la France de combattre en même temps aux Pyrénées et sur la Vistule, à Cadix et à Moscou. Il pardonna à l'Espagne, et parut ne s'être pas aperçu de l'attaque déloyale qu'il en avait reçue. La vengeance fut différée jusqu'au jour où elle s'accorderait avec la politique.

Mais il voulut affaiblir encore davantage l'Espagne en la dépouillant d'une partie de ses forces, et la jeter encore plus profondément dans son système anti-commercial, anti-continental ; funeste surtout à un pays qui avait beaucoup de colonies et peu de fabriques. Dans ce dessein, il crut utile d'élever, de grandir encore le favori ; il le jugeait d'autant plus facile à abattre qu'il serait plus élevé, puisqu'il n'avait aucun appui sur les intérêts ou les volontés du peuple.

Un corps de seize mille Espagnols traversa la France pour aller combattre sur les bords de la Baltique, dans les intérêts de Napoléon, et sous les ordres de ses généraux. Les six mille Espagnols qui avaient été envoyés en Étrurie vinrent le joindre en Allemagne. Ce corps d'armée était aux ordres de la Romana [1], homme

---

[1] En avril 1807, la division Ofarril partit de Toscane pour joindre la Romana.

d'esprit, instruit, qui avait fait la guerre de 1793 avec distinction, et que l'opinion publique désignait dès-lors comme devant être un homme national, le jour où les Espagnols redeviendraient une nation. Joseph Bonaparte fut reconnu roi des Deux-Siciles. Ferdinand IV ne fut plus indiqué sur l'almanach de la cour, que confondu, comme frère du roi, avec la multitude des Infants d'Espagne. Le décret de Berlin, qui mettait l'Angleterre en état de blocus permanent, et condamnait aux flammes les produits de l'industrie anglaise, fut proclamé et exécuté en Espagne. Charles IV nomma Godoy protecteur du commerce, au moment où le commerce de l'Espagne achevait d'être anéanti. Ivre de joie, et ne sachant comment récompenser assez celui qu'il regardait comme le sauveur de sa monarchie, il lui donna le titre d'altesse sérénissime qu'avaient seuls porté en Espagne les fils naturels de Charles-Quint et de Philippe IV, les Don Juan d'Autriche. Le favori fanfaron fit, dans les premiers jours de janvier 1807, comme altesse sérénissime, une espèce d'entrée triomphale au milieu d'un immense concours de gens attirés par la nouveauté du spectacle, qu'il était tenté d'appeler son peuple. Sans doute il rêvait la régence : cela réveilla le prince des Asturies.

C'est ici l'apogée, la plénitude de la puissance de Godoy ; arrêtons-nous un moment pour fixer la place que ce personnage tiendra dans l'histoire. On a dit qu'il avait été la cause, la seule cause des malheurs de l'Espagne. C'est se tromper : il fut un accident et non pas une cause. La cause réelle fut l'anéantissement des institutions nationales, le despotisme, l'opposition aux lumières, l'absence de toute règle de gouvernement et de conduite, les efforts de deux siècles pour ternir et éteindre le caractère national. Les champs mal cultivés produisent toujours de mauvaises herbes. D'une cour despotique, il sortira des Dubarry quand les rois gouverneront; des Godoy quand les reines commanderont.

La race des favoris est indigène en Espagne.[1] Dans tous les siècles quelques favoris ont bouleversé l'état, mais jamais fortune de favori ne fut si grande, si scandaleuse, si peu motivée, que celle d'Emmanuel Godoy. Le célèbre favori de Jean II, Alvaro de Luna tint son maître dans l'esclavage, mais il avait sur lui l'ascendant que le génie et la volonté ont sur

---

[1] Un écrivain politique de ce pays, don Diego Saavedra Faxardo, pose cette question : Lequel est meilleur, que le prince délègue son autorité à plusieurs ou à un seul? et il conclut pour la délégation à un seul, attendu, ce sont ses paroles, « Que le roi est » l'image du soleil, et lorsque le soleil disparaît de » l'horizon, il laisse à un seul (la lune), et non pas » à plusieurs, le soin de présider à la nuit. »

Ces paroles sont extraites d'un ouvrage politique que Saavedra composa pour l'instruction du prince des Asturies, qui fut depuis le roi Charles II. Il était réputé un des habiles politiques de la cour de Madrid, réputée elle-même la première. Qu'on juge par-là de l'esprit éclairé du temps.

la faiblesse d'esprit et de cœur. Alvaro de Luna était homme de guerre et homme d'état, cependant il périt sur l'échafaud. Pacheco fut pendant trente ans le favori et le tyran de l'impuissant Henri IV. Les Lerme, les Olivarès, les Varo sous la dynastie autrichienne, ont fait peu de bien et beaucoup de mal. Aucun de ces favoris n'a été dans une situation égale à celle de Godoy; aimé de la reine, adoré du roi il réunissait en lui la double qualité de la maîtresse et du favori. Il blessait, humiliait, maltraitait la reine, et elle ne cessait jamais de l'aimer. De la part du roi c'était un délire. Il n'a pas manqué en Espagne d'hommes superstitieux qui ont cru qu'il avait jeté un sort sur le couple royal, et qui ont attribué à l'influence des astres une fortune que les considérations terrestres étaient insuffisantes à expliquer.

Un simple garde-du-corps, qui n'avait d'abord plu à la reine que par son extérieur, et par son talent pour chanter et jouer de la flûte, avait envahi en cinq années tous les grades de la milice, tous les cordons, toutes les récompenses, toutes les dignités de l'état. Les titres et les honneurs usités dans la monarchie ne suffisant pas à l'inépuisable bienveillance de ses maîtres, l'heureux duc de la Alcudia était devenu prince de la Paix. Ce titre de prince n'avait jamais été porté avant lui par aucun sujet d'origine espagnole. Une portion des domaines publics lui avait été concédée en pur don; des trophées sur sa voiture, des prérogatives de palais accordées aux seuls membres de la famille royale, des honneurs militaires exclusifs, et enfin, un corps militaire attaché spécialement à la garde de sa personne, l'avaient placé dans un rang auquel nul ne pouvait atteindre. La dignité de grand-amiral, si redoutable au trône dans le temps de la féodalité, avait été rétablie en sa faveur. Il était généralissime de l'armée, et en outre chef particulier de toutes les armes, directeur de tous les services. Une cédule royale venait de le créer protecteur du commerce et des colonies. Ainsi le monarque avait déposé en ses mains la plénitude du pouvoir royal, dans un pays où il n'y a d'autre pouvoir que celui du roi. Il faut aller dans l'Orient pour trouver une pareille délégation; là le visir est l'ombre du sultan, mais les sultans au moins ne vont pas chercher leurs visirs dans la couche de leurs épouses.

Emmanuel Godoy était né à Badajoz, d'une famille noble, mais obscure. L'obscurité même de sa famille offrit aux généalogistes des moyens de la rattacher à d'autres familles et à des souvenirs historiques. Il fut facile de la confondre avec une autre famille du même nom plus ancienne, plus illustre, et qui habitait la même province. Les flatteurs prouvaient que le prince de la Paix descendait en ligne directe de l'empereur Montezuma. Des généalogistes plus habiles remontèrent plus avant dans l'histoire, trouvèrent que le nom de Godoy était évidemment la contraction des deux mots *Gotho soy*, je suis Goth, et en conclurent que S. A. S. avait pour ancêtre un des seigneurs de la cour du roi Wamba.

En cherchant ses ancêtres, il n'oublia pas ses parens. Ses oncles furent ministres. Son frère, créé duc d'Almodovar del Campo, commandait le régiment des gardes espagnoles; ses sœurs épousèrent des grands d'Espagne. Long-temps Don Pedro de Cevallos regarda l'honneur d'avoir épousé une de ses parentes comme son plus grand et plus précieux titre à la confiance du roi et de la nation. Pouvait-on ne pas rechercher l'alliance de celui que Charles IV avait mis dans sa propre maison? Le roi lui avait fait épouser sa propre nièce, la fille légitime de l'infant Don Louis son frère. On destinait pendant quelque temps la sœur de cette nièce au prince des Asturies, héritier du trône. Du mariage d'Emmanuel Godoy avec Marie-Thérèse de Bourbon, naquit une fille. Les vieux rois (c'est ainsi que les Espagnols ont appellé le roi Charles IV et la reine Marie-Louise) destinaient cette fille en mariage au jeune infant Louis II, roi d'Étrurie, leur petit-fils. Ainsi, déjà souverain par la transmission entière, absolue et sans réserve du pouvoir, il était appelé à voir un jour son petit-fils roi par le droit de la naissance.

La première éducation de Godoy avait été négligée. Ses ennemis ont été jusqu'à dire qu'il savait à peine lire quand il entra en 1792 au conseil d'état [1]. Jeune et sans expérience, il annonçait des mœurs douces et un caractère conciliant. Léger, inappliqué, il n'était pas dépourvu cependant de justesse dans l'esprit et d'une certaine facilité pour le travail. Ceux qui l'ont connu dans l'enfance de sa faveur, se sont accordés à dire qu'il était franc, affable et compatissant.

---

[1] Porté au ministère des affaires étrangères, contre le vœu et au scandale de la nation, on fut d'abord obligé de mettre à ses côtés un homme consommé dans les affaires, don Eugenio Llaguno, pour aider son inexpérience.

Chez Godoy la puissance ne développa que des vices. Il n'avait pas le germe de la méchanceté; il ne fut pas cruel. Malgré cette débauche de pouvoir, malgré l'irascibilité naturelle à la domination, jamais il n'a répandu le sang. Mais il était arrivé ignorant, et le maniement des affaires ne lui apprit rien. La cour et la puissance corrompirent ce qu'il pouvait avoir de bon dans son naturel; il ne vit dans la puissance que l'occasion de satisfaire des passions viles ou des besoins ignobles. Jamais une idée élevée, une idée de patriotisme ni d'honneur ne perça jusqu'à cet homme endormi dans la mollesse. Son esprit ne s'étendit pas avec la sphère de son activité; il avait dans son habitude, dans ses allures, cette incertitude et cet embarras propres aux possesseurs héréditaires du pouvoir plutôt que la décision et la force, caractère distinctif de ces hommes qui, dans le bouleversement des empires, s'élèvent et conquièrent la place que la nature leur assigne et que l'ordre social leur refusait. Aucun exploit, aucune vertu n'honorèrent sa jeunesse ; il n'avait pas tiré l'épée pendant la guerre. Il ne montra pendant la paix ni talent dans les conseils, ni détermination dans le gouvernement de l'état.

Des mœurs sévères eussent concilié l'estime au prince de la Paix et eussent diminué le dégoût que faisait naître chez les gens de bien la source impure de sa folle puissance [1]. Il fut libertin et débauché. La passion qu'il avait pour les femmes ne se couvrait pas même de ces formes d'une aimable galanterie qui, en rendant le vice aimable, gardent les convenances, conservent aux hommes publics le respect extérieur de leur entourage. Ni l'amour de la reine, ni un mariage dont il devait s'honorer, ne le préservèrent de déportemens scandaleux.

[1] De tous les grands peuples de l'Europe, l'Espagnol est celui chez lequel il y a encore le plus de mœurs et d'habitudes privées, qui sont la base des vertus publiques.

Il vivait publiquement avec une femme, Dona Pepa Tudo, dont il eut deux enfans et qu'il fit comtesse de Castillefiel. Il fit épouser à son oncle, maréchal de camp, une autre de ses maîtresses. L'opinion publique, sans doute injuste, mais généralement répandue, lui imputait d'avoir été marié secrètement, et par conséquent d'avoir commis le crime de bigamie en recevant la main d'une petite-fille de Louis XIV.

Cupide et fastueux, il aimait les richesses comme un parvenu. Son luxe moderne et emprunté aux mœurs étrangères insultait au luxe antique et national de ses maîtres. Il suivait avec chaleur les opérations de la bourse, et plus d'une fois les connaissances positives du ministre procurèrent au spéculateur d'énormes profits. Il recevait des présens. On vendait autour de lui emplois, charges, dignités, faveurs. Tout ce qui l'entourait était vénal. De là les bruits populaires sur son immense fortune, sur son accaparement d'argent monnoyé, sur ses fonds déposés à la banque d'Angleterre. Des événemens inattendus ont réduit à une juste valeur ce qu'on devait croire de tout cela ; ils n'ont pas suffi pour éclairer l'opinion des Espagnols ni pour leur persuader que tout l'or de Mexique et de Pérou avait coulé ailleurs que dans les coffres de Godoy.

Il n'avait pas la tête assez vaste pour concevoir et suivre un système quelconque de gouvernement; il n'avait pas l'âme assez élevée pour comprendre sa nation, pour la relever, pour trouver dans son caractère et dans les institutions aucune voie de salut au jour des calamités. Il ne possédait pas la millième partie des connaissances positives nécessaires pour mouvoir et améliorer une vaste monarchie dont les élémens de puissance étaient disséminés. Tantôt il appelait à son secours la probité et les lumières, tantôt il les éloignait. Les Aranda, les Cabarrus, les Saavedra, les Jovellanos, les Urquijo expièrent dans l'exil le tort d'avoir fait ou voulu le bien de leur pays. Avant

Godoy, les rois d'Espagne avaient dans leur gouvernement cette fixité et cette régularité qui maîtrise la vénération des peuples alors même qu'elles n'ont pas leur bonheur pour but. Sous Godoy, le pouvoir fut irrésolu, versatile, inconstant, et on lui doit au moins ce bienfait d'avoir déconsidéré le despotisme dans le pays où il était le plus profondément enraciné.

L'équité nous prescrit de dire que l'Espagne lui doit quelques bienfaits et que pour ceux-là au moins il mérite la reconnaissance des amis de la patrie et de l'humanité. L'impulsion, donnée par les Bourbons à l'industrie et aux arts, il la continua, il l'accéléra. Il a plus fait pour les arts et pour les sciences pendant quinze ans qu'il n'avait été fait sous les trois règnes précédens. Malgré une guerre presque continuelle, les travaux civils entrepris furent continués; plusieurs fabriques nouvelles furent établies. Il ne tint pas à lui que l'Espagne ne prît sa part dans les découvertes faites en d'autres pays et dans l'amélioration de l'esprit humain[1]. Il fit voyager au dehors des hommes intelligens et capables, afin de rapporter et de naturaliser en Espagne ce qu'ils trouveraient ailleurs de bon et d'utile. Les arts du dessin et les sciences utiles reçurent des encouragemens multipliés. Par lui furent établies vingt-quatre écoles pour acclimater dans la Péninsule les végétaux précieux que produisent les autres parties de la monarchie espagnole. Les procédés découverts en France pour désinfecter l'air, pour secourir les asphyxiés, les noyés et les enfans qui paraissent morts en naissant, furent importés avec empressement. La vaccine, cette inappréciable découverte qui eût donné son nom au dix-huitième siècle s'il n'eût pas été marqué déjà par tant de biens et tant de maux;

---

[1] Il créa, dès 1796, les écoles d'astronomie, de cosmographie, hydrographie, météorologie, hautes sciences pour la navigation. Il donna une organisation nouvelle à l'observatoire royal, créa le corps des ingénieurs cosmographes. Il créa le collége de médecine.

la vaccine fut accueillie en Espagne avec enthousiasme, et la philanthropie avec laquelle l'Espagne l'a transmise à l'Amérique a mérité de justes éloges. Il a fait beaucoup pour la salubrité publique. La défense d'enterrer dans les églises, faite par Charles III, et non exécutée, fut observée dans les grandes villes. La nation espagnole a pour les combats de taureaux une passion qui va jusqu'à la frénésie. On persuada au favori que ces spectacles sanglans étaient contraires à la civilisation et nuisaient à l'agriculture ; il ne craignit pas de compromettre sa popularité en les abolissant.

D'autres actes du prince de la Paix, plus importans parce qu'ils se rattachent à des intérêts plus élevés, honorèrent davantage son gouvernement. L'Espagne reprochait depuis cent ans à ses rois d'avoir rempli leurs cours d'étrangers, Philippe V venant de Versailles avait amené les Français avec lui; Charles III venant de Naples avait amené les Italiens. Godoy n'éleva, n'honora, ne plaça que des Espagnols, et tint les étrangers dans l'infériorité. Cette nationalité fut un mérite, à l'époque où les émigrés français remplissaient l'Europe de leur vanité, et fatiguaient les cours étrangères de leur prétentions et de leur nullité.

Les règlemens pour la réorganisation de l'armée indiquaient la volonté du bien, s'ils ne décelaient pas la capacité nécessaire pour l'opérer. Il a lutté contre l'inquisition, et lui a arraché plus d'une victime [1]. Il a arrêté par une loi expresse l'envahissement de la mainmorte. Il n'a pas craint de braver les préjugés religieux qui consacraient l'énorme multiplicité des biens ecclésiastiques, et il a obtenu du souverain pontife le droit d'en faire rentrer une partie dans la circulation. Il a attaqué de front l'hypocrisie et le vice, qui voulaient échapper à

---

[1] En décembre 1796, il fit un éclat pour évoquer au conseil royal le procès de Ramon Salus, professeur en droit, à Salamanque, condamné par l'inquisition.

l'autorité sous l'ombre de l'immunité sacerdotale[1].

Si Godoy eût paru en Espagne trois siècles plus tôt, la haute noblesse se serait liguée et armée contre l'erreur et l'aveuglement de Charles. L'aristocratie l'aurait tué, comme elle tua Alvaro de Luna, qui était parti de moins bas et qui s'était élevé moins haut; ou bien les communes se seraient liguées et armées contre cette erreur et cet avilissement du trône, comme elles se levèrent contre le cardinal Trineros et les gouverneurs étrangers, qui cependant humiliaient moins que Godoy l'orgueil national.

---

[1] En 1797, le pape Pie VI, menacé dans la capitale du monde chrétien par les armées républicaines, eut recours à la protection de sa majesté catholique. Il reçut pour tout secours une espèce d'homélie par laquelle le prince de la Paix exhortait S. S. à se détacher des biens temporels de ce monde et à ne pas mêler ensemble la religion et la politique; quand ensuite il lui envoya quelques prélats espagnols pour le consoler, c'était afin de se défaire de ces prélats dont la présence en Espagne l'importunait.

S'il eût vécu un peu plus tard, dans le dix-septième siècle ou au commencement du dix-huitième, lorsque les institutions aristocratiques et démocratiques avaient été absorbées par le pouvoir royal, et lorsqu'il n'y avait plus rien en Espagne qui résistât, il aurait sans doute gouverné paisiblement. L'histoire publique et officielle aurait parlé avec éclat de ses talens, de ses vertus, de ses établissemens utiles, et aurait trouvé dans les actes de son gouvernement les preuves d'un bon cœur et d'un bon esprit. En même temps les chroniques scandaleuses auraient retracé à la dérobée les turpitudes de sa vie intérieure. Enfin des publicistes impartiaux auraient, après sa mort, relevé les funestes conséquences de son gouvernement, et jugé rigoureusement l'individu.

Mais le prince de la Paix n'a été appelé ni aux orages des siècles barbares, ni au calme d'un despotisme paisible; il a tenu le timon d'un vaisseau énorme, lourd, mal armé, mal manœuvré, mauvais voilier; il a eu à le gouverner au milieu de la plus épouvantable tempête qui ait jamais agité et bouleversé les sociétés politiques. Le temps n'est plus où un respect aveugle couvre les fautes des rois et de ceux qui les représentent. Aujourd'hui les prêtres veulent en vain faire dire à la religion que les rois sont l'image de Dieu sur la terre; c'est la voix dans le désert : personne n'y croit maintenant. Ceux qui gouvernent sont comptables aux nations et du mal qu'ils font et de celui qui se fait avec eux et par eux; ce compte ne se règle même pas avec une prévention favorable. Ainsi les contemporains ont entassé sur la tête de Godoy les abus qui l'avaient précédé, les calamités qu'il n'a pas empêchées, celles que ni lui, ni aucun autre au monde n'eût pu empêcher; grossissant aussi le fardeau, ils l'ont rendu responsable de tous les malheurs publics. En prononçant de la sorte, les peuples ne sont pourtant pas injustes. Puisque dans les temps prospères les rois et leurs ministres recueillent la gloire et les profits du bien qu'ils n'ont pas fait, il est juste aussi que dans l'adversité ils succombent et périssent sous tout le poids des misères publiques.

En retraçant les événemens politiques auxquels l'Espagne a pris part depuis vingt-cinq ans, nous avons montré Emmanuel Godoy, les yeux tournés constamment vers les Pyrénées, et réglant sa conduite d'après les différentes phases sous lesquelles se présentait la France en travail de révolution : effrayé par la République, intrigant avec le Directoire, tour à tour caressé et négligé par les ambassadeurs de la République à Madrid, fatigué de cette tyrannie, souvent prêt à échapper à la France pour se jeter dans les bras des Anglais, mais en définitive attendant de Paris les décisions souveraines. L'arrivée de Bonaparte au pouvoir avait fixé son irrésolution, et ne permit plus d'hésitation à sa politique. Lucien Bonaparte, ambassadeur à Madrid, eut avec le prince de la Paix non une liaison d'amitié, il ne pouvait pas en exister entre deux hommes si différens par l'esprit, et surtout par l'élévation du caractère, mais une liaison politique. Lucien dit à son frère que le prince de la Paix était tout en Espagne, que sa faveur était indestructible comme elle était illimitée. Cette remarque simplifia la politique de la France. Godoy devait être un instrument utile dans les mains de Bonaparte [1].

Dans le vaste champ de la politique, il faut savoir cultiver la vanité du sot [2], et aussi

---

[1] Un agent diplomatique français rentrait en 1802 et rendait compte de sa mission. « Quel homme est-ce que le prince de la Paix, a-t-il de l'ambition, du mouvement, de l'élan ? — Mon général, c'est un favori sans talent, sans élévation, sans énergie. Quand je lui ai porté la nouvelle de vos vues pacifiques envers le Portugal, il m'a prié de ne pas ébruiter la nouvelle afin de gagner le jour même, à la bourse, sur les fonds publics qui ne pouvaient pas manquer de hausser.—Tant pis, j'aimerais mieux qu'il valût quelque chose, qu'il fût capable de détrôner Charles IV et de se mettre à sa place. J'aimerais mieux le voir sur le trône qu'un Bourbon. »

[2] Beaumarchais.

exploiter les intérêts du méchant. Napoléon n'observa pas toujours cette règle envers le prince de la Paix ; il ne le caressa pas toujours quand il en avait besoin, et le négligea souvent quand il le croyait inutile : c'est à ce manque de soin qu'il faut attribuer l'intempestive levée de boucliers de 1806.

Il fut un temps où Napoléon, vainqueur et arbitre des destinées de l'Europe, distribuait des principautés et des royaumes, où il faisait des promotions annuelles de grands-ducs et de rois, où une couronne était regardée comme le dernier grade de la hiérarchie militaire et politique. Non-seulement les frères et les parens de l'Empereur, non-seulement des généraux, comme Murat et Bernadotte, mais encore un homme étranger à la carrière militaire, avaient été compris dans les promotions annuelles. Pourquoi Godoy qui présidait aux destinées de l'Espagne, et qui rendait de si immenses services à la France, ne se serait-il pas cru des titres plus évidens à une si grande récompense! Les lauriers de Miltiade empêchaient Thémistocle de dormir. Calculant que les états devaient être distribués en proportion des services rendus, ou du pouvoir d'en rendre, Godoy pensait que si M. de Talleyrand avait reçu la principauté de Bénévent, il pouvait bien prétendre à être grand-duc de Hanovre. On le lui avait fait espérer.

La vanité du prince de la Paix n'était pas le seul mobile de son ambition. La politique lui commandait de se préparer un refuge que l'âge avancé et les infirmités du roi devaient rendre bientôt nécessaire. Ferdinand, prince des Asturies, était arrivé à l'âge où, malgré l'efficacité à peu près certaine d'une éducation royale pour rendre l'ame rabougrie et pour rapetisser l'esprit, les princes aussi commencent à être hommes.

Le pouvoir de Godoy lui était odieux dans le présent et menaçant dans l'avenir. Les mécontens, de jour en jour, devenaient plus nombreux, et fondaient leur espoir sur un nouveau règne.

Les nobles, qu'avaient irrités son insolence ou qu'avaient frappés sa disgrâce, se groupaient autour du prince des Asturies. Godoy n'avait rien à espérer de ceux qui lui semblaient dévoués dans la prospérité; ils rampaient devant le pouvoir, tout prêts à aller encenser des dieux nouveaux. Le jour où la classe élevée de la nation pourrait parler, elle avait à lui reprocher avec aigreur les turpitudes de sa vie et les fautes de son gouvernement. Le clergé, et surtout les moines n'attendaient que ce moment pour le dévouer aux enfers. Le peuple lui-même lui eût retiré cette bienveillance que lui avaient méritée son accessibilité, ses manières débonnaires et triviales, et la stupide admiration arrachée par son faste. Tous s'apprêtaient à lui attribuer tous les maux dont l'Espagne allait être accablée par la suprême puissance de la France.

Depuis un siècle on s'était pour ainsi dire

accoutumé à ne plus considérer les peuples de la Péninsule, comme faisant partie de la grande famille européenne. Pas une idée, pas une découverte, pas une impulsion, pas une impression ne venait de ce côté des Pyrénées. Les Espagnols voyagent peu; ceux qui voyagent perdent vite le cachet propre à leur pays. D'ailleurs on ne connaît, on n'apprécie bien les peuples que chez eux.

Cette Espagne, si peu connue, est une grande et noble ruine, où l'on rencontre de belles proportions, des masses colossales et une foule de richesses enfouies. Le peuple espagnol a brillé sur la terre sans avoir traversé la civilisation! Il ne s'est pas mêlé aux autres peuples; il est resté avec ses habitudes et ses vertus natives. C'est un roi détrôné, qui n'a pas perdu le souvenir de sa puissance, et que l'infortune a renversé sans l'humilier.

La loyauté est la base du caractère des Espagnols; ils sont habituellement calmes, mais de ce calme qui vient du silence, non de l'absence des passions. Ils peuvent dissimuler, mais ils sont incapables de feindre. La tempérance et la modération dans les désirs ne leur commandent pas le travail : ils sont inertes et paresseux. Aucun peuple, sous le despotisme, n'a conservé, à leur égal, le sentiment de la dignité de l'homme. Les Anglais leur disputent cet avantage. Chez les Anglais, c'est le résultat de l'organisation sociale ; chez les Espagnols, c'est instinct, et cet instinct est plus remarquable dans la classe inférieure que dans les hauts rangs de la société. Peu avides de gain, peu enclins aux vices honteux ; religieux, croyans, enthousiastes, ils honorent le talent, le courage, l'infortune. Ils sont susceptibles de dévouement. Éloignés de l'abrutissement où plongent les intérêts corporels, tout ce qui élève l'âme les frappe et les enlève. Peu faits pour être pliés à une organisation régulière, pas assez esclaves des besoins physiques, trop ardens, trop élevés pour être soumis à la discipline sociale ; plus propres à l'élan qu'à ce qui exige de la suite, c'est chez eux qu'on a dit: « Il fut brave tel jour. »

La nation espagnole se divise en quatre classes distinctes par leurs mœurs, par leurs intérêts, par leurs habitudes : la haute noblesse, le clergé, l'ordre moyen et le peuple.

Un vingtième des Espagnols sont nobles de naissance (*hidalgos*), proportion énorme. Cette noblesse, quoique réelle, puisqu'elle assure des priviléges personnels à ceux qui la possèdent, offre à peine une nuance dans la société. Ces Hidalgos ne se distinguent des autres citoyens, ni par l'élégance du langage, ni par les formes de la politesse, ni par les vices. Il y a des provinces où la moitié de la population est d'Hidalgos.

Sept à huit cents familles de grands, de titrés de Castille, ou proches parens des grands et des titrés, forment la haute noblesse. Elle a l'ignorance, la paresse, l'inertie de la nation, sans en avoir la loyauté, la franchise, l'élan, presque tous habitent Madrid; ou les grandes villes. A l'exception d'un petit nombre, ils sont étrangers à leurs immenses propriétés, qu'une armée d'agens exploite en leur nom, mais à son profit. La politique des rois de la maison de Bourbon, en leur réservant les places de cour qui avilissent, les a éloignés des emplois de l'État et de l'armée, où ils auraient pu servir leur pays et conserver l'éclat de leur race. Ils paraissent en petit nombre dans l'administration et dans l'armée, on ne les voit à la tête d'aucune entreprise utile. Le gouvernement les rejette; le peuple ne les connaît pas; leur race a dégénéré; on ne parle d'eux qu'avec mépris. Consommateurs orgueilleux et inutiles, ils forment une branche parasite de l'arbre social; quand elle serait extirpée, on ne s'en apercevrait que par une amélioration dans l'état.

Le clergé espagnol est de cent cinquante mille individus, nombreux dans les villes, répandus dans les campagnes, introduits partout. Il possédait un quart des propriétés territoriales de la monarchie. Depuis peu d'années seulement, il ne peut plus acquérir. Les moines font plus de la moitié de l'ordre ecclésiastique. Ils formaient au milieu de l'État une république indépendante, qui avait ses maximes, sa règle de conduite ; c'était le ferme soutien du gouvernement absolu, soit du roi, soit du pape. Les couvens se peuplaient des classes inférieures de la société. Les moines espagnols étaient ignorans, stupides, mais réglés dans leurs mœurs. Les couvens n'étaient pas des lieux de désordre. Les moines étaient peuple, tout-à-fait peuple ; et comme ils étaient un peu plus éclairés que leurs compatriotes, ils avaient sur eux une grande influence. Le clergé séculier était loin d'avoir l'ensemble et la consistance du clergé régulier. Il était plus disséminé, plus mondain. Les évêques étaient riches et recommandables par l'emploi qu'ils faisaient de leurs richesses. Le peuple était accoutumé à les révérer; ils le méritaient par leurs vertus et leur doctrine. La monarchie venant à se dissoudre, les évêques sont les chefs nés de la population.

L'ordre moyen se compose des Hidalgos répandus dans les provinces, dans les petites villes, dans les villages, des agens de l'autorité et de tous ceux qui courent la carrière des fonctions publiques, même dans une grande élévation; car, en Espagne, les ministères même, en raison de l'exclusion de la haute noblesse, sont donnés habituellement à ceux qui ont suivi les bureaux. Il faut y compter aussi une foule de membres du clergé séculier, indépendans à peu près de l'autorité épiscopale, et des devoirs religieux; les avocats, les écrivains, les juges et autres gens de justice très-nombreux, trop nombreux pour un peuple où il y a peu de propriétaires et peu de matière à procès. On doit comprendre aussi dans l'ordre moyen les intendans, les fermiers, les agens des propriétés, des grands et du clergé, les médecins, chirurgiens et apothicaires, les étudians des universités, les commerçans dans les grandes villes; enfin, les Hacendados, petits propriétaires épars sur la surface du royaume. Dans cette classe, brillent avec éclat les vertus et le caractère national; tout ce qu'il y a de capacité est là. Elle veut le bien, sans vanité, sans jalousie; elle le veut, parce que tout autour d'elle appelle des améliorations, parce tout est dégénéré. L'inquisition, le despotisme, l'isolement topographique, ont empêché les lumières de se répandre dans cette classe nombreuse et utile de citoyens; mais on y pense, on y réfléchit. A l'époque dont nous parlons, on s'y occupait beaucoup, depuis une vingtaine d'années, des questions politiques. On frondait les abus; on attaquait les préjugés; et, comme on s'arrêtait rarement en si beau chemin, il y avait dans cette classe un penchant décidé vers la démocratie, qui s'excusait par les vices du gouvernement et par l'infériorité des classes élevées.

La classe inférieure de la société se compose des paysans et de la populace des grandes villes. Comme il y a peu de grandes villes, il y a peu de populace. Ces aventuriers du bas peuple, que les romans espagnols du seizième siècle ont fait connaître à l'Europe, n'existent que dans les romans, et n'appartiennent pas à l'histoire. Le peuple et les paysans ont de grandes habitudes de religion. C'est un spectacle qui convient à leur imagination. C'est un remplissage dans la vie. Les prêtres, et surtout les moines, ont sur eux beaucoup d'empire. Ils ne connaissent des grands que les noms, mais ont un vieux respect pour l'autorité royale. Dieu et le roi, est le cri de la classe inférieure. Elle n'est tourmentée ni par la jalousie de l'égalité, ni par la soif de la liberté. Qu'est la noblesse dans un pays, là où une foule de muletiers sont nobles, où des domestiques, en entrant en condition, montrent les parchemins de leurs ancêtres? où aucun signe extérieur, aucune nuance sociale ne la distingue? La liberté individuelle, ils la confondent avec le droit de voler et d'assassiner, et, accoutumés à craindre les voleurs de grand chemin, il a été aisé de les leur faire confondre avec les libéraux. Le peuple a des souvenirs nationaux. Il chante les paladins de Charlemagne, et les conquêtes sur les Maures. Il est persuadé que l'Espagne est la terre des hommes, et il a horreur de l'étranger.

En l'année 1807, les signes précurseurs de la tempête se montraient plus apparens, plus menaçans; les craintes du dehors augmentaient les inquiétudes du dedans. Le volcan sentait mugir dans son sein les bruits précurseurs d'une éruption prochaine. La famille royale attendait son sort de Napoléon. Le roi et la reine, confians dans ses promesses, le regardaient comme un rempart contre la nation dont ils s'étaient séparés. Le favori espérait, de ses intrigues près de lui, et de sa soumission entière, la conservation de sa puissance pendant le règne de Charles IV, et sa sécurité ensuite. La haute noblesse, humiliée par le favori, désirait son renversement, et le voyait dans un régime nouveau. Entouré, stimulé par quelques seigneurs outragés, par ceux qui n'avaient pas voulu plier devant l'idole, Ferdinand, inquiet du sort que lui préparaient une mère dénaturée et un père séduit, Ferdinand tournait aussi ses regards vers Napoléon. L'Empereur seul pouvait, lui disait-on, l'arracher aux embûches du prince de la Paix, et à l'aveuglement d'un père et d'une mère irrités. La France devait désirer que l'Espagne, sa fidèle alliée, ne demeurât pas sous un régime intérieur avilissant, qui anéantissait ses ressources, et faisait perdre tout prix à son alliance. L'Espagne forte ne pouvait nuire à la France. Une alliance du prince des Asturies avec une princesse du sang impérial eût été le ciment du pacte de famille, et eût garanti l'alliance des deux nations mieux que la volonté précaire du favori. Telles étaient les considérations développées par les conseillers de Ferdinand : ils attendaient la vie ou la mort de Napoléon.

Dans les classes éclairées, les idées de philanthropie et de perfectionnement, qui ont donné naissance à la révolution française et présidé à son premier essor, avaient un grand nombre de partisans. Cet attachement à la révolution, ils le continuaient à Bonaparte, qui en était le légataire universel. En Angleterre, en Allemagne, partout où existait la liberté de penser et d'écrire, on s'était aperçu que la France était arrivée au despotisme à travers les horreurs de l'anarchie ; et la nation française eût été abaissée à leurs yeux comme servile, alors même qu'elle n'aurait pas été haïe comme conquérante : là, on ne confondait pas les principes qui sont immuables, avec des hommes qui avaient changé selon leurs intérêts et leurs passions. Qu'importait que les intérêts matériels de quelques-uns fussent garantis, si par-là on avait mis le peuple en esclavage, et si l'on en avait fait le docile instrument de la ruine des autres nations? Des observations de cette nature étaient moins faciles à faire de l'autre côté des Pyrénées, où l'inquisition et l'esclavage de la presse ne permettaient que de voir les résultats sans apercevoir les détails : on était ébloui de la gloire et de la grandeur du peuple français. Les Espagnols voyaient donc dans Napoléon le propagateur des lumières et de la révolution française.

La portion infiniment plus nombreuse de la nation, à qui l'irréligion, les scènes sanglantes de 1793 avaient inspiré une juste horreur, voyait dans Napoléon l'homme dont la main forte avait muselé les cent têtes de l'hydre révolutionnaire. Les prêtres révéraient en lui le prince religieux qui avait relevé les autels du vrai Dieu, tandis que les moines abhorraient Godoy, dont la main sacrilége avait touché l'arche sainte. Attendant peu de la cour, et formant en Espagne plus qu'ailleurs un ordre à peu près indépendant, ils étaient prêts à prêter le secours de leurs prières et de leurs bras à celui qui voudrait entreprendre de briser l'idole qu'ils refusaient d'adorer.

La gloire de Napoléon avait même réconcilié les Espagnols avec les Français. Dans les Posadas de Castille on entendait souhaiter des victoires aux invincibles armées françaises et à leur chef illustre. On pleurait sur l'Espagne humiliée, avilie, appauvrie; on la comparait à la France; il n'y avait plus d'armée, plus de confiance; le roi, la reine, le favori se dépopularisaient chaque jour davantage. Sans doute on ne désirait pas les armes de l'étranger; pas un Espagnol ne formait le vœu impie de voir des baïonnettes étrangères souiller le territoire; mais on sentait qu'un grand changement était imminent, était nécessaire. Il n'existait d'autre pouvoir que le pouvoir royal, et ce pouvoir était avili, gangréné. Aucun homme considérable dans l'état, aucun corps politique ne pouvait servir de ralliement; aucune institution n'était là pour exprimer la volonté nationale. Partout un grand désir d'agir, et ancun moyen même pour exprimer ce désir. Pas de corporations, pas de réunion possible ; partout des vœux isolés. Tout cela appelait, nécessitait une influence étrangère.

Ainsi par une inspiration unanime dans son objet, quoique variée dans ses motifs, l'Espagne presqu'entière tendait ses mains suppliantes vers le grand homme, vers le prince du siècle. Rois et sujets, grands et petits, oppresseurs et opprimés, tous eussent remis l'arbitrage de leurs différens à la décision de l'oracle; tous le conjuraient de rendre la jeunesse et la vie à cette vieille monarchie. Ils étaient loin de prévoir que, semblable à la Médée de la Fable, Napoléon devait les régénérer dans une mer de sang.

PIÈCES JUSTIFICATIVES.

ESPAGNE.

N°. I.

Madrid, le 11 octobre.

Sa Majesté a expédié à tous ses conseils, un décret de la teneur suivante:

Un des principaux motifs qui me détermina à conclure la paix avec la république française, aussitôt que son gouvernement eut commencé à prendre une forme régulière et stable, ce fut la manière dont en a usé l'Angleterre à mon égard tout le temps de la guerre, et la juste défiance que devait m'inspirer pour l'avenir, l'expérience de sa mauvaise foi, qui commença à se manifester au moment le plus critique de la première campagne, dans la manière avec laquelle l'amiral Hood traita mon escadre à Toulon, où il s'occupa seulement de ruiner tout ce que lui-même ne pouvait pas enlever; et ensuite dans l'expédition qu'il fit contre l'île de Corse, expédition qu'il fit à l'insu, et qu'il cacha avec la plus grande réserve à Don Juan de Langara, pendant qu'ils étaient ensemble à Toulon.

Cette mauvaise foi, le ministère anglais la laissa clairement paraître, par son silence sur toutes ses négociations avec les autres puissances, particulièrement dans le traité conclu, le 19 novembre 1794, avec les États-Unis de l'Amérique, sans aucun égard à mes droits qui lui étaient bien connus. Je la remarquai encore dans sa répugnance à adopter mes plans et mes idées qui pouvaient accélérer la fin de la guerre, et dans la réponse vague que donna lord Granville à mon ambassadeur le marquis del Campo, quand il lui demanda des secours pour la continuer. Il acheva de me confirmer dans la certitude de sa mauvaise foi, par l'injustice avec laquelle il s'appropria la riche cargaison du navire espagnol le *San-Jago* ou l'Achille, d'abord pris par les Français, et ensuite repris par l'escadre anglaise, et qui devait m'être rendue, suivant les conventions faites entre mon secrétaire d'état et le lord St.-Hélène, ambassadeur de S. M. Britannique; ensuite par la retenue de toutes les munitions de guerre qui arrivaient sur des vaisseaux hollandais, pour l'approvionnement de mes escadres, en affectant toujours diverses difficultés, pour en éloigner la restitution; enfin, il ne m'a pas été permis de douter de la mauvaise foi de l'Angleterre, en apprenant les fréquens abordages de ses vaisseaux sur les côtes du Pérou et du Chili pour y faire la contrebande et en reconnaître le pays, sous le prétexte de la pêche de la baleine, privilége qu'elle prétendait lui avoir été accordé par la convention de Nooska. Tels furent les procédés du ministère anglais, pour cimenter les liens d'amitié et de confiance réciproques qu'il s'était engagé d'avoir pour l'Espagne, suivant nos conventions du 25 mai 1793.

Depuis que j'ai fait la paix avec la république française, non-seulement j'ai les motifs les plus fondés à supposer à l'Angleterre, l'intention d'attaquer mes possessions en Amérique, mais encore j'ai reçu des insultes directes qui me persuadent que ce ministère veut m'obliger à adopter un parti contraire aux intérêts de l'humanité déchirée par la guerre sanglante qui ravage l'Europe, pour la cessation de laquelle je n'ai cessé d'offrir mes bons services, et de témoigner ma constante sollicitude.

En effet, l'Angleterre a mis à découvert ses intentions, a fait clairement son projet de s'emparer de mes possessions, en envoyant dans les Antilles des forces considérables, et surtout destinées contre Saint-Domingue, afin d'empêcher sa réunion au territoire français, comme le démontrent clairement les proclamations de ses généraux dans cette île. Elle a encore fait connaitre ses intentions, par les établissemens qu'ont formés ses compagnies de commerce sur les bords du Missouri, dans l'Amérique septentrionale, avec le dessein de pénétrer par ces contrées, jusqu'à la mer du Sud ; enfin, par la conquête qu'elle vient de faire dans l'Amérique méridionale de la colonie de Démérary, appartenant aux Hollandais, et dont la possession avantageuse les met à même de s'emparer de postes encore plus importans.

Mais il ne peut plus me rester de doute sur l'hostilité de ses projets, quand je considère les fréquens outrages faits à mon pavillon, les violences commises dans la Méditerranée, par ses frégates qui se sont permis d'enlever les soldats qui venaient de Gênes à Barcelone, sur des vaisseaux espagnols, pour compléter mes armées ; les pirateries et les vexations que les corsaires corses et anglo-corses, protégés par le gouvernement anglais de cette île, exercent sur le commerce espagnol dans la Méditerranée, et jusque sur les côtes de Catalogne, et la détention de différens navires espagnols chargés de propriétés espagnoles, et conduits en Angleterre, sur les prétextes les plus frivoles, et spécialement de la riche cargaison de la frégate espagnole *la Minerve*, sur laquelle on a mis l'embargo de la manière la plus outrageante pour mon pavillon, et dont on n'a pu obtenir la remise, quoiqu'on ait démontré devant les tribunaux compétens, que ce riche chargement était une propriété espagnole. L'attentat commis sur mon ambassadeur Don Simon de las Casas, par un tribunal de Londres, qui décréta son arrestation, fondée sur la demande d'une somme très-modique, que réclamait le patron d'une embarcation.

Enfin le territoire espagnol a été violé d'une manière intolérable sur les côtes de Galice et d'Alicante, par les brigantins anglais le *Caméléon* et le *Kingerson*. Bien plus, le capitaine Georges Vaughan, commendant la frégate l'*Alarme*, s'est conduit d'une manière aussi insolente que scandaleuse, dans l'île de la Trinité où il débarqua, tambour battant, enseignes deployées, pour attaquer les Français, tira vengeance des injures qu'il prétendait en avoir reçues, troublant, par cette violation des droits de ma souveraineté, la tranquillité des habitans de l'île.

Par toutes ces insultes aussi graves qu'inouïes, cette nation a prouvé à l'univers qu'elle ne connaît d'autres lois que l'agrandissement de son commerce : et par son despotisme qui a épuisé ma patience et ma modération, elle m'oblige, tant pour soutenir l'honneur de ma couronne, que pour protéger mes peuples contre ses attentats, à déclarer la guerre au roi d'Angleterre, à ses royaumes et à ses vassaux; et à donner des ordres pour prendre toutes les mesures nécessaires pour la défense de mes domaines et de mes bien-aimés sujets, et pour repousser l'ennemi.

Donné au palais de St.-Laurent, le 5 octobre 1796, signé de la main du roi et du secrétaire du conseil de guerre.

Le samedi 8 courant, la guerre fut publiée à Madrid, suivant la forme usitée.

N°. II.

RÉPUBLIQUE FRANÇAISE.

Traité d'alliance offensive et défensive entre la France et l'Espagne.

Paris, le 28 fructidor (mercredi, 14 septembre 1796.)

Le Directoire exécutif de la république française et sa majesté catholique le roi d'Espagne, animés du désir de resserrer les nœuds de l'amitié et de la bonne intelligence, heureusement rétablies entre la France et l'Espagne, par le traité de paix conclu à Bâle, le 4 thermidor an III de la république, 22 juillet 1795, ont résolu de former un traité d'alliance offensive et défensive pour tout ce qui concerne les avantages et la commune défense des deux nations; et ils ont chargé de cette négociation importante, et donné leurs pleins pouvoirs; savoir : le Directoire exécutif de la république française, au citoyen Dominique-Catherine Pérignon, général de division des armées de la république et son ambassadeur près sa majesté catholique le roi d'Espagne; et sa majesté catholique le roi d'Espagne, à son excellence don Manuel de Godoy et Alvarès de Faria, Rios, Sanchez, Zarsoza, prince de la Paix, duc de la Alcudia, seigneur del Soto de Roma et de l'état d'Albala, grand d'Espagne de la première classe, régidor perpétuel de la ville de Sant-Iago, chevalier de l'ordre de la Toison-d'Or, grand-croix de celui de Charles III, commandeur de Valencia del Ventoso, Revera et Acenchal dans celui de Saint-Jacques, chevalier grand-croix de l'ordre de Malthe, conseiller d'état, premier secrétaire d'état et de dépêches, secrétaire de la reine, surintendant des postes et des routes, protecteur de l'académie royale des beaux-arts et du cabinet d'histoire naturelle, du jardin botanique, du laboratoire de chimie, de l'observatoire astronomique, gentilhomme de la chambre du roi en exercice, capitaine-général de ses armées, inspecteur et major des gardes-du-corps.

Lesquels, après la communication et l'échange respectifs de leurs pleins pouvoirs, sont convenus des articles suivans :

Article premier. Il existera à perpétuité une alliance offensive et défensive entre la république française et sa majesté catholique le roi d'Espagne.

Art. II. Les deux puissances contractantes seront mutuellement garantes, sans aucune réserve ni exception, de la manière la plus authentique et la plus absolue, de tous les États, territoires, îles et places qu'elles possèdent et posséderont respectivement ; et si l'une des deux se trouve, par la suite, sous quelque prétexte que ce soit, menacée ou attaquée, l'autre promet, s'engage et s'oblige à l'aider de ses bons offices, et à la secourir sur sa réquisition, ainsi qu'il sera stipulé dans les articles suivans.

Art. III. Dans l'espace de trois mois, à compter du moment de la réquisition, la puissance requise tiendra prêts et mettra à la disposition de la puissance requérante quinze vaisseaux de ligne dont trois à trois ponts ou de quatre-vingts canons et douze de soixante-dix à soixante-douze; six frégates d'une force proportionnée et quatre corvettes ou bâtimens légers, tous équipés, armés, approvisionnés de vivres pour six mois et appareillés pour un an. Ces forces navales seront rassemblées par la puissance requise dans celui de ses ports qui aura été désigné par la puissance requérante.

Art. IV. Dans le cas où la puissance requérante aurait jugé à propos, pour commencer les hostilités, de restreindre à moitié le secours qui doit lui être donné, en exécution de l'article précédent, elle pourra, à toutes les époques de la campagne, requérir la seconde moitié dudit secours, laquelle lui sera fournie de la manière et dans le délai fixé; ce délai ne courra qu'à compter de la nouvelle réquisition.

Art. V. La puissance requise mettra pareillement à la réquisition de la puissance requérante, dans le terme de trois mois, à compter du moment de la réquisition, dix-huit mille hommes d'infanterie et six mille de cavalerie, avec un train d'artillerie proportionné, pour être employé facilement en Europe, ou à la défense des colonies que les puissances contractantes possèdent dans le golfe du Mexique.

Art. VI. La puissance requérante aura la faculté d'envoyer un ou plusieurs commissaires à l'effet de s'assurer si, conformément aux articles précédens, la puissance requise s'est mise en état d'entrer en campagne au jour fixé avec les forces de terre et de mer qui y sont stipulées.

Art. VII. Ces secours seront entièrement remis à la disposition de la puissance requérante, qui pourra les laisser dans les ports ou sur le territoire de la puissance requise, ou les employer aux expéditions qu'elle jugerait à propos d'entreprendre, sans être tenue de rendre compte des motifs qui l'auraient déterminée.

Art. VIII. La demande que fera l'une des puissances des secours stipulés par les articles précédens, suffira pour prouver le besoin qu'elle en a; et imposera à l'autre puissance l'obligation de les disposer sans qu'il soit nécessaire d'entrer dans aucune discussion relative à la question si la guerre qu'elle se propose est offensive ou défensive; ou sans qu'on puisse demander aucune explication quelconque qui tendrait à éluder le plus prompt et le plus exact accomplissement de ce qui est stipulé.

Art. IX. Les troupes et navires demandés resteront à la disposition de la puissance requérante pendant toute la durée de la guerre, sans que, dans aucun cas, ils puissent être à sa charge. La puissance requise les entretiendra partout où son alliée les fera agir comme si elle les employait directement pour elle-même. Il est seulement convenu que pendant tout le temps que lesdits troupes et navires séjourneront sur son territoire ou dans ses ports, elle leur fournira de ses magasins ou arsenaux tout ce qui leur sera nécessaire de la même manière et au même prix qu'à ses propres troupes ou navires.

Art. X. La puissance requise remplacera sur-le-champ les navires de son contingent qui se perdraient par des accidens de guerre ou de mer; elle réparera également les pertes que souffriraient les troupes de son contingent.

Art. XI. Si lesdits secours étaient ou devenaient insuffisans, les deux puissances contractantes mettront en activité les plus grandes forces qu'il leur sera possible, tant par mer que par terre, contre l'ennemi de la puissance attaquée, laquelle usera desdites forces, soit en les combinant, soit en les faisant agir séparément; et ce d'après un plan concerté entre elles.

Art. XII. Les secours stipulés par les articles précédens, seront fournis dans toutes les guerres que pourraient avoir à soutenir les puissances contractantes, même dans celles où la partie requise ne serait pas directement intéressée, et n'agirait que comme peuple auxiliaire.

Art. XIII. Dans le cas où les motifs d'hostilité portant préjudice aux deux parties, elles viendraient à déclarer la guerre d'un commun accord à une ou plusieurs puissances, les limitations établies dans les articles précédens cesseront d'avoir lieu, et les deux puissances contractantes seront tenues de faire agir contre l'ennemi commun la totalité de leurs forces de terre et de mer, de concerter leur plan pour les diriger vers les points les plus convenables ou séparément ou en les réunissant. Elles s'obligent également, dans les cas désignés au présent article, à ne traiter de la paix que d'un commun accord, et de manière que chacune d'elles obtienne la satisfaction qui lui sera due.

Art. XIV. Dans le cas où l'une des puissances n'agirait que comme auxiliaire, la puissance qui se trouvera seule attaquée pourra traiter de paix séparément, mais de manière à ce qu'il n'en résulte aucun préjudice contre la puissance auxiliaire, et qu'elle tourne même autant qu'il sera possible à son avantage direct. A cet effet, il sera donné connaissance à la puissance auxiliaire du mode et du temps convenus pour l'ouverture et la suite des négociations.

Art. XV. Il sera conclu très-incessamment un traité de commerce d'après des bases équitables et réciproquement avantageuses aux deux peuples, qui assure à chacun d'eux, chez son allié, une préférence marquée pour le produit de son sol et de ses manufactures ou tout au moins des avantages égaux à ceux dont jouissent, dans ses états respectifs, les nations les plus favorisées. Les deux puissances s'engagent à faire dès à présent cause commune pour réprimer et anéantir les maximes adoptées par quelque pays que ce soit qui contrarieraient leurs principes actuels, et porteraient atteinte à la sûreté du pavillon neutre et au respect qui lui est dû; ainsi que pour relever et rétablir le système colonial de l'Espagne, sur le pied où il a existé ou dû exister d'après les traités.

Art. XVI. Le caractère et la juridiction des consuls seront en même temps reconnus et réglés par une convention particulière. Celles antérieures au présent traité, seront provisoirement exécutées.

Art. XVII. Pour éviter toutes contestations entre les deux puissances, elles sont convenues de s'occuper immédiatement et sans délai, de l'explication et du développement de l'art. VII du traité de Bâle, concernant les frontières, d'après les constructions, plans et mémoires, qu'elles se communiqueront par l'entremise des mêmes plénipotentiaires qui négocient le présent traité.

Art. XVIII. L'Angleterre étant la seule puissance contre laquelle l'Espagne ait des griefs directs, la présente alliance n'aura son exécution que contre elle pendant la guerre actuelle; et l'Espagne restera neutre à l'égard des autres puissances armées contre la république.

Art. XIX. Les ratifications du présent traité seront échangées dans un mois, à compter de sa signature.

Fait à Saint-Ildephonse, le 2 fructidor an 4 de la république française, une et indivisible.

Signé, Pérignon, et prince DE LA Paz.

Le Directoire exécutif arrête et signe le présent traité d'alliance offensive et défensive avec sa majesté catholique le roi d'Espagne, négocié au nom de la république française par le citoyen Dominique-Catherine Pérignon, général de division, fondé de pouvoirs à cet effet par arrêté du Directoire exécutif, en date du 20 messidor dernier, et chargé de ses instructions.

Fait au palais national du Directoire exécutif, le 12 fructidor an 4 de la république française, une et indivisible

Pour expédition conforme,

Révellière-Lepeaux, *président*.

Par le directoire exécutif,

Lagarde, *secrétaire-général*.

Ce traité a été ratifié, le 26, par le conseil des anciens

N°. III.

ESPAGNE.

Madrid, 14 décembre (23 frimaire).

Son E. don Pedro Cavallos, premier secrétaire-d'état des affaires étrangères, a communiqué, par ordre royal, à tous les conseils, sous la date d'avant-hier, le manifeste suivant :

« Le rétablissement de la paix, que les puissances de l'Europe avait vu avec tant de plaisir par le traité d'Amiens, a été malheureusement de courte durée pour le bien des peuples. Les réjouissances publiques par lesquelles on célébrait de si grands succès, n'étaient pas encore finies, lorsque la guerre a commencé de nouveau à troubler la tranquillité publique, et le bien que la paix offrait, commença à s'évanouir.

» Les cabinets de Paris et de Londres tenaient l'Europe en suspens et dans l'indécision, entre la crainte et l'espoir, voyant chaque jour plus incertaine l'exécution de leurs négociations, jusqu'à ce que la discorde vint rallumer entre eux le feu d'une guerre qui, naturellement, devait se communiquer à d'autres puissances, l'Espagne et la Hollande qui traitèrent avec la France à Amiens, et que leurs intérêts et leurs relations politiques tiennent entre elles si particulièrement unies, qu'il était très-difficile qu'elles ne pussent à la fin prendre part dans les agressions et offenses faites à leur allié.

» Dans cette circonstance, sa Majesté, fondée sur les plus solides principes d'une bonne politique, a préféré le subside pécuniaire aux contingens de troupes et navires qu'elle devait fournir à la France, en vertu du traité d'alliance de 1796 ; ainsi, par le moyen de son ministre, à Londres, comme par le moyen des agens anglais, à Madrid, il donna à connaître, de la façon la plus positive, au gouvernement britannique, la décisive et ferme résolution de demeurer neutre pendant la guerre ; ayant, pour le moment, la consolation de voir que cette ingénue sécurité était, en apparence, bien reçue à la cour de Londres.

» Mais ce cabinet, qui avait prémédité d'avance le renouvellement de la guerre avec l'Espagne, aussitôt qu'il serait en état de la déclarer, non pas avec les formules et les solennités prescrites par le droit des gens, mais par les moyens d'agression qui puissent lui être avantageux, chercha le plus frivole prétexte pour mettre en doute la conduite vraiment neutre de l'Espagne, et pour donner plus d'importance en même temps aux désirs de la Grande-Bretagne de conserver la paix : le tout afin de gagner du temps en endormant le gouvernement espagnol, et maintenir dans l'incertitude l'opinion publique de la nation anglaise, sur ses desseins injustes et prémédités qu'elle ne pouvait approuver d'aucune façon.

» C'est ainsi qu'à Londres on feignait artificieusement de protéger différentes réclamations faites par des Espagnols et ses agens, à Madrid, exagérant les intentions pacifiques de leur souverain ; mais jamais ils n'étaient satisfaits de la franche amitié avec laquelle on répondit à leur note ; ils songeaient plutôt à exagérer ou à supposer des armemens qui n'existaient pas, en supposant (contre les protestations les plus positives de la part de la cour d'Espagne) que les secours pécuniaires donnés à la France, n'étaient seulement que l'équivalent des troupes et navires qui se stipulèrent dans le traité de 1796, comme si une somme indéfinie et immense leur permettait de considérer l'Espagne comme partie principale dans la guerre.

» Mais comme il n'était pas encore temps de faire disparaître tout à la fois l'illusion de ce qu'ils tramaient, ils exigèrent, comme condition, pour considérer l'Espagne comme neutre, la cessation de tout armement dans ses ports, et la prohibition des ventes, dans ces mêmes ports, des prises faites par les Français ; et malgré que l'une et l'autre condition, quoique sollicitées avec un ton trop orgueilleux et peu en usage dans les transactions politiques, furent d'abord rigoureusement accomplies, ils insistèrent néanmoins à manifester des méfiances, et partirent à la hâte de Madrid, après avoir reçu des courriers de leur cour, sans avoir fait aucune communication de leur contenu.

» Le contraste qui résulte de tout cela, entre la conduite des cabinets de Madrid et de Londres, suffirait pour manifester clairement à toute l'Europe, la mauvaise foi et les voies occultes et perverses du ministère anglais, quoique lui-même ne l'eût pas manifestée avant l'attentat abominable de la surprise, combat et prise de quatre frégates espagnoles naviguant avec la sécurité que la paix inspirait, et qui furent artificieusement attaquées par un ordre que le gouvernemens anglais avait signé au même moment, dans lequel il avait exigé les conditions pour sa prolongation, dans lesquelles il donnait les sécurités possibles, pendant que ses navires se pourvoyaient de vivres et d'autres rafraîchissemens dans les ports d'Espagne.

» Ces mêmes navires qui justifiaient de l'hospitalité la plus complète, y éprouvaient la bonne foi avec laquelle l'Espagne assurait à l'Angleterre la sincérité de ses engagemens et la fermeté de ses résolutions, pour maintenir la neutralité. Ces mêmes navires enveloppaient déjà dans le sein de ses commandans, les ordres iniques du cabinet anglais pour envahir sur mer les propriétés espagnoles. Les mêmes ordres circulaient profusément, puisque tous ses navires de guerre, dans les mers d'Amérique et d'Europe, arrêtent et amènent dans leur port tous les navires espagnols qu'ils rencontrent, sans même respecter ceux qui sont chargés de grains qui viennent de toutes parts, au secours d'une nation fidèle, dans une année de misère ou de calamité.

» Ils ont donné les ordres barbares, car ils ne méritent pas d'autre nom, de faire couler bas tous les navires espagnols qui ne seraient pas du nombre de cent tonneaux, de brûler ceux qui seraient échoués sur la côte, et d'arrêter et amener à Malte ceux qui passeraient cent tonneaux; c'est ainsi que l'a déclaré le patron d'une flûte valencienne de cinquante-quatre tonneaux, qui se sauva dans sa chaloupe, le 16 novembre, sur la côte de Catalogne, lorsque cette flûte fut coulée bas par un navire anglais, après que le capitaine dudit navire lui eut pris ses papiers et son drapeau, et lui eut dit qu'il avait reçu ces ordres positifs de la cour.

» Malgré des faits atroces qui prouvent jusqu'à l'évidence les vues ambitieuses et hostiles que le cabinet de Saint-James avait préméditées, il veut encore mettre en avant son perfide système d'éblouir l'opinion publique, alléguant pour cela que les frégates espagnoles n'ont pas été amenées en Angleterre, en qualité de prises, mais comme ôtages, jusqu'à ce que l'Espagne donne les assurances qu'elle observera la plus stricte neutralité.

» Eh! quelle plus grande sûreté peut et doit donner l'Espagne? Quelle nation civilisée a fait usage, jusqu'à présent, de moyens aussi injurieux et aussi violens, pour exiger des sûretés d'une autre ? Encore que l'Angleterre eût enfin quelque chose à exiger de l'Espagne, de quelle manière s'excuserait-elle, après un semblable attentat ? Quelle satisfaction pourra-t-elle donner pour la malheureuse perte de la frégate *la Mercedes*, avec toute la cargaison, l'équipage et grand nombre de passagers de distinction, qui ont été victimes innocentes d'une politique aussi détestable ?

» L'Espagne ne satisferait point à ce qu'elle se doit à elle-même, ni elle ne croirait maintenir son honneur parmi les autres puissances de l'Europe, si elle se montrait plus long-temps insensible à de semblables outrages, et si elle ne tâchait pas de les venger avec l'énergie et la dignité qui lui sont propres.

» Le roi, encouragé par ces sentimens, après avoir épuisé, pour conserver la paix, toutes les ressources compatibles avec la dignité de sa couronne, se trouve dans la dure nécessité de faire la guerre au roi de la Grande-Bretagne, à ses sujets et peuples, et de supprimer les formalités d'usage concernant la déclaration et la publication solennelles, puisque le cabinet anglais a commencé et continue à faire la guerre sans la déclarer.

» En conséquence, S. M., après avoir fait mettre l'embargo, par voie de représailles, sur toutes les propriétés anglaises qui se trouvent dans ses domaines, a ordonné qu'on fît passer aux vice-roi, capitaines-généraux et autres commandans, tant de mer que de terre, les ordres les plus convenables pour la défense du royaume et les hostilités contre l'ennemi; le roi a ordonné à son ministre de se retirer avec toute la légation espagnole. S. M. ne doute point que lorsque les sujets de ses royaumes seront informés de la juste indignation que la conduite violente de l'Angleterre a dû lui inspirer, ils n'épargneront aucun moyen de tous ceux que leur suggérera leur valeur, pour contribuer avec S. M. à la plus complète vengeance de l'insulte faite au pavillon espagnol; il les autorise, à cet effet, à armer en course contre la Grande-Bretagne, et à s'emparer avec courage de ses embarcations et propriétés, avec les pouvoirs de la plus grande étendue. S. M. offre en même temps la plus grande célérité pour l'adjudication des prises, pour lesquelles on ne sera tenu que de justifier seulement de la propriété anglaise. S. M. renonce expressément, en faveur des armateurs, à tous les droits que, dans de semblables occasions, elle se serait réservés sur de semblables prises, de manière qu'ils en jouiront dans leur entier et sans escompte.

» Enfin, S. M. a ordonné que tout ce qui a été rapporté ci-dessus soit inséré dans les papiers publics, pour qu'il puisse parvenir à la connaissance de tout le monde, et qu'on le fasse passer aux ambassadeurs et ministres du roi, dans les cours étrangères, afin que toutes les puissances soient informées de ces faits, et qu'elles s'intéressent à cette cause si juste, espérant que la divine Providence bénira les armes espagnoles, pour obtenir la juste et convenable satisfaction de ses injures. »

(*Extrait de la Gazette de Madrid.*)

N°. IV.

ESPAGNE.

Proclamation du prince de la Paix.

« Dans des circonstances moins dangereuses que celles où nous nous trouvons aujourd'hui, les bons et loyaux sujets se sont empressés d'aider leurs souverains par des dons volontaires et des secours proportionnés aux besoins de l'État. C'est donc dans la situation actuelle qu'il est urgent de se montrer généreux envers la patrie. Le royaume d'Andalousie, favorisé par la nature, dans la reproduction des chevaux propres à la cavalerie légère ; la province de l'Estramadure, qui rendit en ce genre des services si importans au roi Philippe V, verrait-elle avec indifférence la cavalerie du roi d'Espagne, réduite et incomplète, faute de chevaux ? Non, je ne le crois pas ; j'espère, au contraire, qu'à l'exemple des illustres aïeux de la génération présente, qui servirent l'aïeul de notre roi actuel par des levées d'hommes et de chevaux, les petits-enfans de ces braves s'empresseront aussi de fournir des régimens ou des compagnies d'hommes habiles dans le maniement du cheval, pour être employés au service et à la défense de la patrie, tant que durera le danger actuel. Une fois passé, ils rentreront pleins de gloire au sein de leurs familles. Chacun se disputera l'honneur de la victoire; l'un attribuera à son bras le salut de sa famille; l'autre, celui de son chef, de son parent ou de son ami; tous enfin s'attribueront le salut de la patrie. Venez, mes chers compagnons, venez vous ranger sous les bannières du meilleur des souverains; venez, je vous accueillerai avec reconnaissance; je vous en offre dès aujourd'hui l'hommage, si le Dieu des victoires nous accorde une paix heureuse et durable, unique objet de nos vœux. Non, vous ne céderez ni à la crainte, ni à la perfidie; vos cœurs se fermeront à toute espèce de séduction étrangère. Venez, et si nous ne sommes pas forcés de croiser nos armes avec celles de nos ennemis, vous n'encourrez pas le danger d'être notés comme suspects et d'avoir donné une fausse idée de votre loyauté, de votre honneur, en refusant de répondre à l'appel que je vous fais.

» Mais si ma voix ne peut réveiller en vous les sentimens de votre gloire, soyez vos propres instigateurs; devenez les pères du peuple au nom duquel je parle; que ce que vous lui devez vous fasse souvenir de ce que vous vous devez à vous-mêmes, à votre honneur et à la religion sainte que vous professez.

» Au palais royal de Saint-Laurent, le 6 octobre 1806.

» *Signé*, LE PRINCE DE LA PAIX. »

Madrid 12 octobre. » Le prince de la Paix vient d'adresser, le 11 octobre, aux intendans et corrégidors, une nouvelle lettre circulaire dans l'esprit de la proclamation :

Monsieur, le roi m'ordonne de vous dire que dans les circonstances présentes, il attend de vous un effort de zèle et d'activité pour son service ; et moi, en son nom, je vous recommande la plus grande activité dans le tirage au sort qui doit avoir lieu, vous faisant observer que nous ne nous contenterons, ni Sa Majesté, ni moi, de ces efforts éphémères qu'on a coutume de faire dans les temps ordinaires. Vous pouvez notifier aux curés, au nom du roi, qu'ils seront secondés par les évêques pour porter le peuple à se réunir sous les drapeaux, et les riches à faire des sacrifices nécessaires pour les frais de la guerre que nous serons peut-être forcés de soutenir pour le bien de tous ; et comme elle exigera de grands efforts, les magistrats doivent sentir qu'il est plus particulièrement de leur devoir d'employer tous les moyens propres à exciter l'enthousiasme national, afin de pouvoir entrer avec gloire dans la lice qui va s'ouvrir. Sa Majesté a la confiance que vous ne négligerez aucun de ceux qui peuvent procurer un plus grand nombre de soldats dans votre province, et y exciter le courage généreux de la noblesse (car il s'agit de ses priviléges comme de ceux de la couronne), et que vous ferez tout ce qui sera en votre pouvoir pour atteindre l'un et l'autre but.

N°. V.

ESPAGNE.

M. d'Izquierdo revient à Paris vers le 10 décembre. *Il est probablement auteur de l'article* inséré dans le journal du 17, sous la rubrique de Madrid, 1ᵉʳ. décembre : on a été vivement surpris ici de l'interprétation étrange donnée par un journal français aux proclamations qui avaient été faites pour donner à notre état militaire une force plus imposante, et pour prévenir des agressions que la situation de l'Europe pouvait faire craindre à l'Espagne, et des dangers que le génie de Napoléon a sitôt fait disparaître. Unie comme l'Espagne l'était depuis quelques années avec la France, et par ses intérêts commerciaux et par la politique, dès qu'elle a vu la guerre s'allumer sur le continent, elle a dû se mettre en mesure ou de secourir son allié, ou de résister aux entreprises que l'Angleterre pouvait alors tenter, soit par elle-même, soit par le secours des puissances engagées dans la coalition nouvellement formée contre la France. Certes, il n'y a qu'une ignorance profonde de la véritable situation de ce pays qui puisse faire douter de la sincérité du parti qu'il a pris entre une nation puissante qui peut tout pour nous défendre, et n'a besoin de rien de ce qui peut nous nuire, et un ennemi occupé depuis quinze ans à détruire notre marine, à ruiner notre commerce, à piller nos trésors, et à incendier nos colonies avec les torches de la rébellion.

Bayonne, 3 *janvier* 1807. On fait de grandes recherches en Espagne pour découvrir l'auteur d'une prétendue circulaire du prince de la Paix aux intendans de province, insérée dans divers papiers étrangers, et qu'on dit être fausse et avoir été fabriquée à Madrid par quelque ennemi du gouvernement...

Mai. Les gazettes de Madrid contiennent des accusations contre le Portugal, à cause de la protection accordée par le Brésil aux expéditions anglaises... Les journaux anglais parlent de la possibilité d'une prochaine attaque contre le Portugal par une armée française et espagnole, et de la mauvaise situation du Portugal qui serait pris au dépourvu, sans que l'Angleterre, dont les forces étaient employées ailleurs, pût le secourir.

FIN DES PIÈCES JUSTIFICATIVES.

HISTOIRE

DE LA

GUERRE DE LA PÉNINSULE

SOUS NAPOLÉON.

LIVRE PREMIER.

INVASION DU PORTUGAL.

SOMMAIRE.

Le corps d'observation de la Gironde se réunit à Bayonne. — Junot est nommé général en chef. — Négociations de la France avec le Portugal. — Dispositions du prince régent de Portugal et de son gouvernement. — Traité de Fontainebleau entre l'Espagne et la France. — L'armée française, destinée à envahir le Portugal, traverse l'Espagne. — Préparatifs des Espagnols pour concourir à l'exécution du traité de Fontainebleau. — Description de la frontière du Portugal entre le Duero et le Tage. — L'armée française entre en Portugal. — Particularités de la marche des Français. — Arrivée à Abrantès. — Perplexité de la cour de Lisbonne. — La cour de Lisbonne ferme les ports du royaume aux vaisseaux de l'Angleterre. — Une flotte anglaise se présente à l'embouchure du Tage. — Le prince régent se décide à transférer au Brésil sa cour et son gouvernement. — Embarquement de la famille royale. — Agitation du peuple. — Entrée des Français dans Lisbonne. — Réflexions sur l'expédition.

LIVRE PREMIER.

INVASION DU PORTUGAL.

La paix avait été signée à Tilsit, entre la France et la Russie, entre la France et la Prusse. L'empereur Napoléon rentrait triomphant dans sa capitale. Les peuples rassasiés de batailles saluaient le pacificateur de leurs acclamations reconnaissantes. Mais l'Angleterre n'était pas vaincue, et il n'y avait qu'un traité avec l'Angleterre qui pût garantir la durée de la paix sur le continent.

Pendant le mois d'août de l'année 1807, une armée de vingt-cinq mille hommes fut rassemblée à Bayonne. On l'appela *corps d'observation de la Gironde*. Déjà sous ce nom modeste, et avec cette apparence défensive, les troupes françaises avaient, en 1801, franchi les Pyrénées, traversé l'Espagne, et imposé au Portugal une onéreuse capitulation. Le corps d'observation de la Gironde ne fut pas formé aux dépens des armées françaises d'Allemagne, de Pologne et d'Italie. On le composa de troupes restées dans l'intérieur, pour la garde des côtes de la Normandie et de la Bretagne ; savoir : Les 70ᵉ et 86ᵉ régimens d'infanterie, deux corps qui, n'ayant pas fait les dernières campagnes avec l'empereur, conservaient dans les rangs un grand nombre d'anciens militaires ; plusieurs troisièmes bataillons où il n'y avait que de jeunes soldats, des bataillons suisses, et deux légions formées, l'une de Piémontais, l'autre d'Hanovriens. Les bataillons étaient de mille à douze cents hommes. La cavalerie consistait en quatrièmes escadrons fournis par la conscription de l'année courante, et rassemblés en régimens provisoires. Dans cette organisation, hommes, chevaux, habits, équipemens, tout était neuf, moins les officiers, les sous-officiers, et trois ou quatre cavaliers par compagnie, les seuls qui eussent fait la guerre. Cinquante pièces d'artillerie de bataille furent attachées au corps d'armée. Comme les bataillons du train d'artillerie étaient tous employés au service extérieur, on eut recours, pour atteler le parc, à une entreprise particulière à laquelle le gouvernement confia des soldats, et qui se chargea de fournir des chevaux équipés pour entrer en campagne.

La France n'avait plus d'ennemis sur le continent, et une armée se formait aux pieds des Pyrénées. S'il y eût eu dans le public quelque incertitude sur la destination de cette armée, elle eût cessé en apprenant le nom du général à qui l'Empereur en confiait le commandement.

Dans la première guerre de la révolution, le chef de bataillon d'artillerie, Bonaparte, disposait une batterie devant la ville de Toulon que la trahison avait livrée aux armées étrangères. Il eut à donner sur le terrain des ordres qui n'étaient pas de nature à être transmis verbalement. Un jeune sergent du deuxième bataillon de la Côte-d'Or se présenta pour les écrire sous sa dictée. Les vaisseaux et les bombardes des Anglais et des Espagnols, pressés dans la petite rade de Toulon, faisaient un feu très-vif pour retarder l'établissement de la batterie. Une bombe éclata assez près de Bonaparte et de son secrétaire pour les couvrir tous deux de terre et de cailloux. « Justement, dit celui-ci en tournant la page, j'avais besoin de sable pour sécher mon papier. » Le secrétaire de Charles XII n'avait pas le calme de l'intrépidité du sergent de la Côte-d'Or [1]. Bonaparte lui demanda son nom. Il

---

[1] Un jour que Charles XII, assiégé dans Stralsund, dictait des lettres pour la Suède à un secrétaire, une bombe tomba sur la maison, perça le toit, et vint éclater près de la chambre même du roi. La moitié du

s'appelait Junot. Il avait reçu une éducation libérale. Après la prise de Toulon, le chef de bataillon, Bonaparte, fut nommé général de brigade. Junot, devenu son aide-de-camp, combattit, prospéra et grandit à côté de l'homme avec qui il avait fait connaissance sous la pluie des bombes et des boulets. Colonel-général des hussards, grand officier de l'empire, gouverneur de Paris, il était encore premier aide-de-camp de l'empereur Napoléon, et il

plancher tomba en pièces; le cabinet où le roi dictait étant pratique en partie dans une grosse muraille, ne souffrit point de l'éboulement, et, par un bonheur étonnant, nul des éclats qui sautaient en l'air n'entra dans ce cabinet, dont la porte était ouverte. Au bruit de la bombe et au fracas de la maison, qui semblait tomber, la plume échappa des mains du secrétaire « Qu'y a-t-il donc? lui dit le roi d'un air tranquille; » pourquoi n'écrivez-vous pas? » Celui-ci ne put répondre que ces mots : « Eh! Sire, la bombe! — Eh » bien! reprit le roi, qu'a de commun la bombe avec la » lettre que je vous dicte?.... Continuez. »

(VOLTAIRE, *Histoire de Charles XII.*)

affectionnait ce titre beaucoup plus que ses autres emplois et dignités.

Junot avait été envoyé, au commencement de 1805, en ambassade en Portugal : peu de mois étaient à peine écoulés, depuis son arrivée à Lisbonne, lorsque survint une rupture entre l'Autriche et la France. L'aide-de-camp ambassadeur demanda et obtint la permission d'abandonner momentanément la mission de paix pour voler à son poste de guerre. Il fit sept cents lieues en moins de vingt jours, et fut assez heureux pour arriver au bivouac d'Austerlitz la veille de la bataille. Après la paix de Presbourg, il n'était pas retourné en Portugal, quoiqu'il continuât d'être ambassadeur près de la cour de Lisbonne. L'Empereur nomma le général Junot commandant en chef du corps d'observation de la Gironde : il lui donna pour chef d'état major le général de brigade Thiébault, auteur d'ouvrages estimés sur le service des états majors généraux et divisionnaires.

Junot vint à l'armée dans les premiers jours du mois de septembre : il passa les troupes en revue. La première division d'infanterie, aux ordres du général Delaborde, était dans Bayonne. La seconde division, que devait commander le général Loison, occupait Saint-Jean-de-Luz et les villages voisins de la frontière de l'Espagne. Les corps composant la troisième division, sous le général Travot, arrivèrent à Navarreins et à Saint-Jean-de-Pied-de-Port. La cavalerie, commandée par le général de division Kellermann, était cantonnée sur les Gaves, vers Pau et Oleron, et sur l'Adour, vers Aire et Castelnau. Les officiers-généraux et les chefs de corps instruisaient les jeunes soldats, exerçaient les anciens, et préparaient avec activité les moyens de marcher et de combattre. L'artillerie, sous les ordres du général de brigade Taviel, s'organisait et devenait mobile. Le colonel Vincent, directeur du génie à Bayonne, fut attaché à l'armée, avec d'autres officiers de son corps tirés des places de cette frontière. Le commissaire-ordonnateur Trousset fut nommé ordonnateur en chef. On ne forma ni magasins, ni convois de vivres, mais un train d'équipages militaires, et un certain nombre de commissaires des guerres et d'employés devaient marcher avec les troupes pour monter le service administratif quand il en serait temps. Des négocians, appartenant, pour la plupart, à cette classe de spéculateurs qui met dans le commerce plus d'industrie que de capitaux, accoururent de partout à la suite d'une armée chargée d'envahir le pays de l'or et des diamans.

Pendant que l'ambassadeur titulaire de l'empereur des Français près le prince régent du Portugal disposait tout à Bayonne pour l'agression militaire de ce royaume, le premier secrétaire d'ambassade, M. de Rayneval, chargé d'affaires en son absence, commençait à Lisbonne l'attaque diplomatique. Le 12 août, il remit au gouvernement portugais l'injonction de déclarer à l'instant même la guerre à l'Angleterre, de confisquer les marchandises anglaises, et d'arrêter, comme otages, les sujets de la Grande-Bretagne établis en Portugal [1]. Le comte del Campo-de-Alange, ambassadeur du roi d'Espagne, présenta en même temps une note moins impérative dans la forme, également menaçante dans le fond. Les représentans des deux grandes puissances annonçaient que, dans le cas où la cour de Lisbonne n'entrerait pas franchement et complétement dans la ligue des états du continent contre les oppresseurs des mers, ils avaient l'ordre de demander des passe-ports, et de se retirer en déclarant la guerre.

Telles étaient les conditions dictées par la force, au mépris d'un traité de neutralité chèrement acheté, six ans auparavant, par la faiblesse. Jadis le sophi de Perse envoya demander des tributs au gouverneur des Indes portugaises. Alphonse d'Albuquerque fit apporter de la poudre, des boulets, des hallebardes devant

---

[1] *Voyez* à la fin du volume (A).

l'envoyé persan : « Voilà la monnaie, lui dit-il, avec laquelle les Portugais paient des tributs.»

Au dix-neuvième siècle, le temps était passé, pour un petit état, de tenir ce haut langage. Cependant le Portugal avait toujours sa population ardente, les murailles de ses forteresses, ses montagnes, ses rochers et sa position reculée à l'extrémité de l'Europe. Son armée était disciplinée, et les subventions du Brésil alimentaient encore les fortunes particulières et le trésor public. Des patriotes en très-petit nombre, et parmi eux le marquis d'Alorne, ne désespéraient pas de la patrie. Ils dirent au gouvernement : «Armons nos côtes; fer-
» mons nos ports aux escadres de l'Angleterre
» et, puisqu'il le faut, à ses vaisseaux de com-
» merce. Défendons nos places et nos frontières
» de terre contre les armées de la France et de
» l'Espagne. Cessons d'être Anglais. Ne deve-
» nons pas Français, et nous resterons Portu-
» gais.»

C'était la voix dans le désert. Deux opinions diamétralement opposées partageaient depuis long-temps le cabinet de Lisbonne, et classaient ceux qui étaient appelés aux conseils sous les noms de parti français et de parti anglais, quoique les uns comme les autres fissent profession d'être également dévoués à leur prince et à leur patrie. Le commandeur d'Araujo, alors principal ministre, était regardé comme le chef du parti français. Il avait été long-temps ambassadeur à Paris; sa politique, formée et développée dans l'atmosphère de la gloire française, ne lui permettait pas de penser que la maison de Bragance pût se maintenir sur le continent, autrement que par une condescendance empressée à la volonté de l'empereur Napoléon. Don Laurenço de Lima et Ayrès de Saldanha, comte d'Ega, ambassadeurs à Paris et à Madrid, le confirmaient dans cette manière de voir en exposant dans leurs dépêches, l'un, toute la puissance de la France; l'autre, l'asservissement absolu de la cour de Madrid à celle des Tuileries. Le système contraire était soutenu avec véhémence par le conseiller d'état Don Rodrigo de Souza Continho, chef du dernier ministère que l'influence française avait renversé. Son père, Don Domingos Antonio de Souza Continho, était ministre plénipotentiaire à Londres. Les deux frères, Don Joao de Almeida, ancien ministre de la guerre, et avec eux la majorité du cabinet, jugeaient que le Portugal périrait de misère, s'il perdait à la fois le commerce maritime et les colonies. Ils en concluaient qu'il fallait à tout prix rester les féaux de la Grande-Bretagne. Dès que les armées étrangères se montreraient sur la frontière, il fallait, disaient-ils, se retirer à bord des vaisseaux, et se réfugier au Brésil. Là encore on pourrait régner et gouverner. Les deux partis étaient d'accord sur un point, savoir : que l'élan du peuple et l'emploi des forces nationales ne pouvaient pas être opposés avec la moindre apparence de succès à l'énormité de moyens que le vainqueur de l'Europe ne manquerait pas de déployer contre le Portugal. Ainsi, en aucun cas, l'on ne devait s'occuper sérieusement de dispositions défensives.

En réponse aux notes remises à son ministre des affaires étrangères, le prince régent déclara que, pour complaire à ses puissans alliés, l'empereur des Français et le roi d'Espagne, il était prêt à fermer ses ports aux vaisseaux de la Grande-Bretagne, mais que la modération de son gouvernement et ses principes de religion ne lui permettaient pas d'adopter une mesure aussi rigoureuse et aussi injuste que la confiscation, en pleine paix, des marchandises anglaises, et la mise en prison de négocians étrangers aux affaires politiques, demeurant dans le pays sous la garantie de la parole royale.

Cette réponse avait été convenue avec l'Angleterre, et elle renfermait l'expression des sentimens personnels du prince. L'émigration au Brésil répugnait à ses habitudes casanières. Elle se préparait, non pas à son insu, mais en conséquence de résolutions prises par d'autres que par lui. Sa volonté, s'il eût eu la force d'en exprimer une, eût été de continuer à vivre pacifiquement et dévotement dans son palais-monastère de Mafra. Aucun sacrifice ne lui eût coûté pour résoudre le problème insoluble, de satisfaire à la fois la France et l'Angleterre.

Le 30 septembre, le chargé d'affaires de France et l'ambassadeur d'Espagne quittèrent Lisbonne. Les habitans de cette capitale apprirent, le même jour, que les vaisseaux et les propriétés du commerce portugais étaient détenus dans les ports soumis à la domination de l'empereur Napoléon. Le coup, pour avoir été prévu, n'en fut pas moins terrible. Cependant des esprits confians voulurent croire que les procédés rigoureux du gouvernement français ne tendaient qu'à obtenir du Portugal une adhésion plus effective au système continental. Le prince régent s'empara de cette idée rassurante. L'Espagne aussi lui apparaissait comme un point d'appui à sa politique équivoque. Il comptait sur les liens de parenté qui l'unissaient à la famille de Charles IV, et plus encore sur l'intérêt commun à ce monarque et à lui, de ne pas laisser les Français prendre pied dans la Péninsule, intérêt qui déjà n'avait pas été réclamé en vain pendant les angoisses du Portugal, en 1797 et en 1801.

Mais les temps étaient changés. On conspirait maintenant la ruine de la maison de Bragance à Madrid aussi-bien qu'à Paris. Le prince Masserano, grand de première classe, avait en France le titre et les honneurs de l'ambassade d'Espagne. Un homme sans caractère public était depuis un an le véritable ambassadeur d'Espagne. Investi de la confiance particulière du prince de la Paix, Don Eugenio Izquierdo avait, à l'insu de Masserano et du

ministre des affaires étrangères espagnoles, des pleins-pouvoirs du roi pour discuter les plus hauts intérêts de la monarchie, et même pour signer des traités. Comme il avait vieilli dans la direction du cabinet d'histoire naturelle de Madrid, on supposait que sa passion pour les sciences l'avait attiré dans la métropole des connaissances humaines; et ce n'est pas la première fois que le manteau du savant a couvert des intrigues politiques. Lors de l'intempestive levée de boucliers de Godoy, au moment de la bataille d'Iéna, ce fut Izquierdo qui courut au quartier général de l'Empereur à Berlin; ce fut lui qui expliqua, justifia, offrit et promit tout. Le prince de la Paix crut avoir été sauvé par lui de la colère de Napoléon; au moins dut-il à son actif mandataire, tel ami puissant qu'il retrouva depuis aux jours de l'adversité. Charles IV, en envoyant à Paris cet agent secret, lui avait dit : « Manuel Go-
» doy est ton protecteur. Fais ce qu'il te com-
» mandera; c'est par son moyen que tu dois

» me servir [1]. » Ainsi fit Izquierdo. Il serait irréprochable, s'il n'y avait pas en morale de devoir plus sacré que celui d'obéir aveuglément aux caprices des rois.

Le général Duroc, grand maréchal du palais de l'Empereur, fut choisi pour traiter avec Don Eugenio Izquierdo. Il était marié à une Espagnole. Nul autre n'était dépositaire de tant et de si importans secrets de politique. La tournure de ses idées, plus justes qu'étendues, sa tenue parfaite, et plus que tout cela l'empire de l'habitude, l'avaient mis sur le pied de confident intime. On aurait qualifié autrement les rapports de Duroc avec Napoléon, si un prince de cette trempe avait pu avoir un favori.

---

[1] *Manuel es tu protector; tras quando te diga; por medio suyo debes servir me.* Ce sont les propres termes employés par Charles IV, et rapportés dans la correspondance d'Izquierdo.

(*Memorias recogidas y compiladas, por D. Suan Nellerto.*)

La négociation fut conduite dans l'ombre. Duroc n'en rendait compte qu'à l'Empereur. Izquierdo correspondait avec le prince de la Paix, et seulement avec lui. Les deux négociateurs conclurent, le 27 octobre 1807, à Fontainebleau, un traité qui effaçait le Portugal de la liste des puissances [1]. Des six provinces dont ce royaume était composé, la plus septentrionale, dite d'entre Duero et Minho, était donnée en propriété et souveraineté, y compris la ville d'Oporto, au roi d'Étrurie, et érigée en royaume sous le nom de Lusitanie septentrionale. Le prince de la Paix acquérait la propriété et la souveraineté des Algarves et de l'Alemtejo, avec le titre de prince des Algarves. Le royaume de la Lusitanie et la principauté des Algarves reconnaîtraient le roi d'Espagne comme protecteur. On devait tenir sous le séquestre le reste du Portugal, c'est-à-dire, les provinces de Tras-os-Montes,

---

[1] *Voyez* à la fin du volume (B).

de Beira et d'Estramadure, pour les restituer, lors de la paix générale, à la maison de Bragance, en échange de Gibraltar, de l'île de la Trinité, et des autres possessions maritimes conquises par les Anglais sur les Espagnols. L'empereur des Français devait prendre tout de suite possession du royaume d'Étrurie; il consentait à reconnaître le roi d'Espagne comme empereur des deux Amériques, de la même manière qu'il avait permis peu de temps auparavant que l'ancien empereur d'Allemagne se fît appeler empereur d'Autriche.

Une convention [1] accessoire au traité de Fontainebleau et conclue le même jour régla les détails de l'occupation du Portugal, ainsi que le mode d'administration après la conquête. Il fut décidé que la France gouvernerait les provinces séquestrées. Un corps de cette nation, composé de vingt-cinq mille hommes d'infanterie, de trois mille de cavalerie, et d'un

---

[1] *Voyez* à la fin du volume (C.)

équipage d'artillerie proportionné à cette quantité de troupes, allait recevoir l'ordre de traverser l'Espagne, et de vivre en route aux dépens des magasins du royaume. Il devait être joint par un corps de troupes auxiliaires espagnoles de huit mille hommes d'infanterie, avec trois mille chevaux et trente pièces de canon, et marcher en droiture sur Lisbonne. Une division de dix mille Espagnols prendrait possession de la province d'entre Duero et Minho, et une autre division de six mille hommes de la même nation occuperait l'Alemtejo et les Algarves. Il fut convenu que les généraux en chef des deux puissances administreraient le pays, et lèveraient les impôts au profit de leur souverain respectif. Les généraux espagnols gouverneurs des provinces du nord et du midi du Portugal devaient être dans une indépendance absolue du général commandant les troupes françaises; ce dernier même obéirait au roi d'Espagne ou au prince de la Paix, dans le cas où l'un ou l'autre viendrait à l'armée. Le sixième article de la convention stipulait le rassemblement, à Bayonne, d'une armée de quarante mille hommes prête à entrer en Portugal comme renfort, après toutefois que les hautes parties contractantes seraient mutuellement d'accord sur ce point.

Quand le cabinet de Madrid aidait avec tant d'ardeur le cabinet des Tuileries à dépouiller un voisin inoffensif, les deux maisons de Portugal et d'Espagne pouvaient être considérées comme ne formant qu'une seule famille, tant elles s'étaient mêlées ensemble par des mariages [1]; le favori tout-puissant, grand de Portugal, sous le titre de comte d'Evora-

---

[1] La mère de la reine de Portugal était sœur du roi d'Espagne Charles III. La femme du prince régent était fille de Charles IV. La seule infante de Portugal, qui depuis cent quarante ans eût fait un mariage au dehors, avait épousé un prince espagnol, frère de Charles IV. De cette union était venu l'infant Don Pedro Carlos de Borbone e Bragança, qui était élevé à la cour de Lisbonne, et qu'on destinait à épouser la fille aînée du prince régent.

Monte, recevait une pension que la reine lui avait accordée. Le bienfait que l'Espagne devait tirer de cet ignoble traité de partage, était dans un avenir rempli d'incertitude, tandis que Napoléon en recueillait, comme fruit immédiat, l'avantage de franchir les Pyrénées sans résistance, et un prétexte plausible pour couvrir de ses bataillons les provinces espagnoles au nord de l'Ebre et du Duero. Pendant que la faible armée de Charles IV allait porter la guerre à l'opposé des véritables dangers de l'Espagne, le trône restait sans défense, et l'amour des peuples se retirait du monarque qui introduisait de gaieté de cœur les armées étrangères au sein de son royaume.

On n'avait point attendu la signature du traité de Fontainebleau pour porter les troupes françaises au delà des Pyrénées. Elles se mirent en mouvement dès que les bases fondamentales de la négociation eurent été assises. Le 17 octobre 1807, Junot reçut l'ordre d'entrer en Espagne dans les vingt-quatre heures. Le 18, la tête de la première division du corps d'observation de la Gironde passa la Bidassoa [1]. Elle fut suivie de la seconde et de la troisième division, du parc d'artillerie et de la cavalerie. Les colonnes, au nombre de seize, marchant à un jour de distance les unes des autres, se dirigèrent, par la grande route de Burgos et Valladolid, vers Salamanque. L'intendant des armées espagnoles, don Cerarco Gardoqui, avait été chargé de pourvoir aux besoins des troupes. Le lieutenant-général, Don Pedro Rodriguez de la Buria, reçut le général Junot à Irun, et le complimenta au nom du prince de la Paix. Il avait déjà été chargé de la même mission près du général Leclerc en 1801.

En même temps les troupes d'Espagne s'ébranlaient pour exécuter par avance un traité

---

[1] *Voyez* la carte n° I.

qui n'était pas encore signé. Tout ce qu'il y avait de régimens sur le continent, à la réserve des garnisons de la Catalogne et du camp de Saint-Roch, prit le chemin du Portugal. Les corps habituellement stationnés à Madrid, et la maison du roi elle-même, fournirent des détachemens. Il ne resta, dans l'intérieur du royaume, que les cadres des bataillons et des escadrons qui avaient été dépouillés pour porter les bataillons et les escadrons de campagne au complet, les uns de sept cents hommes, les autres de cent soixante-dix chevaux.

Le corps espagnol, destiné à agir sous les ordres du général Junot, se rassembla à Alcantara sur le Tage. Il était fort de huit bataillons, quatre escadrons, une compagnie d'artillerie à cheval et deux de sapeurs-mineurs. Les belles divisions de grenadiers provinciaux de la vieille et de la nouvelle Castille faisaient partie de l'infanterie. Le lieutenant-général don Juan Caraffa, capitaine-général de l'Estramadure, le commandait.

Les troupes qui devaient occuper le royaume projeté de la Lusitanie septentrionale, vinrent de la Galice, des Asturies et du Royaume de Léon, se réunir à Tuy sur le bord du Minho. Elles composèrent un corps de quatorze bataillons, six escadrons et une compagnie d'artillerie à pied, sous les ordres du lieutenant-général don Francisco Taranco y Plano, capitaine-général de la Galice.

Le lieutenant-général don Francisco Solano, marquis del Socorro, capitaine-général de l'Andalousie, réunit à Badajoz huit bataillons, cinq escadrons et une compagnie d'artillerie à cheval, pour prendre possession des provinces échues en partage au prince de la Paix par le traité de Fontainebleau.

Les officiers et les soldats espagnols allaient à regret à une conquête sans gloire. Une inquiétude vague sur les projets de l'Empereur commençait à poindre dans les classes éclairées.

L'armée française trouva partout sur son

passage un accueil favorable. Les villes de Vittoria, de Burgos et de Valladolid donnèrent des fêtes au général en chef et aux principaux officiers. L'horreur manifestée, peu d'années auparavant, par les Espagnols contre un peuple qu'on leur avait représenté comme hérétique et ennemi de l'ordre social, avait fait place aux sentimens d'une hospitalité bienveillante. Les principaux du clergé venaient au-devant des colonnes. Les paysans accouraient sur la grande route pour voir passer des soldats qui étaient chrétiens comme eux : il était aisé de reconnaître que le règne de Napoléon avait entièrement effacé l'antipathie de la nation catholique par excellence pour la France nouvelle.

Les troupes mirent vingt-cinq jours à se rendre à Salamanque. Les dispositions étaient faites pour les cantonner autour de cette ville, lorsque Junot reçut l'ordre d'entrer en Portugal, et de ne pas perdre un moment, afin de n'être pas prévenu par les Anglais à Lisbonne. L'Empereur n'indiquait pas le chemin qu'on devait suivre, mais il défendait que, *sous prétexte de subsistances, la marche de l'armée fût retardée d'un seul jour. Vingt mille hommes*, disait-il, *peuvent vivre partout, même dans le désert*[1].

---

[1] Le duc de Berwick, général de Philippe V, avait appris dans la campagne de 1704 quel sort menace l'armée qui entame le Portugal par la rive gauche du Zezere. Les forces combinées de France et d'Espagne furent paralysées au milieu de leurs succès par des obstacles matériels et par le manque de vivres. En 1762, sur le même terrain, les mêmes causes arrêtèrent l'armée espagnole aux ordres du comte d'Aranda, et le corps auxiliaire commandé par le prince de Beauvau, et les forcèrent à reculer devant des troupes inférieures en qualité et en nombre. Mais depuis la révolution, les Français étaient accoutumés à se rire des dangers et des obstacles qui avaient effrayé leurs devanciers. Un général pouvait, sans être taxé de témérité, tenter, avec les moindres soldats de Napoléon, des entreprises stratégiques où avaient échoué les armées de la vieille monarchie. Cette assertion ne paraît pas hasardée à ceux qui ont étudié le régime intérieur des grandes armées de Louis XIV et de Louis XV. Les hommes de ce temps-là étaient aussi propres que ceux

On apprécierait mal la difficulté d'envahir le Portugal, par l'aspect que présente la configuration de ce pays sur les cartes géographiques. On dirait qu'une fois établi en Espagne, il n'y a plus qu'un pas à faire pour trancher par le milieu cette bande de terrain parallèle à la mer, longue de cent trente lieues et large tout au plus de cinquante. L'opération paraît d'autant plus simple que les deux

de la révolution à des coups d'audace, mais on ne savait pas les faire marcher. On connaissait peu cette branche élevée de l'art de la guerre, qui consiste à mouvoir avec rapidité des masses de troupes sur un grand développement de pays, dans l'objet d'écraser l'ennemi sur son point faible, avec des forces supérieures, ou de le frapper d'un coup inattendu au fort de sa puissance. Les préjugés des chefs et leurs habitudes de luxe paralysaient et étouffaient les heureuses dispositions dans les soldats français.

Au mois de décembre 1713, Louis XIV envoya le maréchal-de-camp Puységur sur la frontière du Portugal, pour préparer l'invasion de ce royaume, qui devait se faire l'année suivante par l'armée française et espagnole, aux ordres du duc de Berwick. Après avoir

grands fleuves du pays, le Duero et le Tage, ont déjà fourni en Espagne la plus grande partie de leur cours; et que, d'après ce qu'enseigne la géographie physique, les montagnes s'abaissent et les vallées s'élargissent à mesure que les fleuves approchent de leurs embouchures. C'est tout le contraire ici, et c'est pour cela que le Portugal est resté un royaume indé-

---

interrogé et exploré, Puységur imagina de construire, pour des chemins où les transports se font habituellement à dos de mulets, des caissons de vivres à la manière de ceux des armées de Flandre et des Pays-Bas. Il régla que des chariots chargés de bateaux et de poutrelles destinés à faire les ponts, et de longues échelles construites pour escalader les places, marcheraient avec les troupes. Il proposa de donner aux soldats des couvertures de laine piquées et ouatées, afin qu'ils pussent se déshabiller sous la tente. La campagne de 1704 s'ouvrit; les tentes, les équipages de pont et tout cet attirail jugé indispensable restèrent en arrière on fut obligé de renoncer au Portugal. Cependant, Puységur était l'officier de son temps le plus entendu dans la science des marches d'armée; lui-même s'est chargé de nous l'apprendre, et ses contemporains ne l'ont point démenti.

pendant de l'Espagne. Les provinces d'entre Duero-Minho et de Tras-os-Montes, au sud du Bas-Duero, sont plus montagneuses et plus difficiles que les provinces espagnoles limitrophes de Galice, et surtout de Léon et de Zamora. Entre le Duero et le Tage, les plaines de Salamanque et la vallée de Plazencia finissent avec l'Espagne. La Sierra de Gata qui les sépare s'abaisse en dépassant la frontière de Galice, et se relève subitement à quatre lieues de-là pour former l'Estrella. La masse et les rameaux de l'Estrella couvrent la région du centre du Portugal appelée la Beira. Le principal sommet de cette vaste montagne est à trois lieues au sud-ouest de Guarda. Il s'élève de huit cents toises au-dessus du niveau de la mer. La neige s'y conserve toute l'année. De ses flancs de granit sortent le Zezere, le Mondejo, l'Alva, et trente autres affluens du Tage et du Duero. Ses contre-forts sont conformés tantôt en arêtes vives, tantôt en terrasses de blocs de grès agglomérés sans ordre.

La nature et la raison d'état ont conspiré ensemble pour empêcher qu'il fût tracé à travers les rochers de la Beira des chemins de communication entre le Portugal et l'Espagne. La grande route de Bayonne à Lisbonne, celle que suivent ordinairement les voitures, passe par Madrid, franchit le Tage au pont d'Almaraz dans l'Estramadure espagnole, entre en Portugal par l'Alemtejo, et traverse une seconde fois le fleuve devant Lisbonne, là où il a trois lieues de largeur. La prévoyance militaire ne permettait pas aux Français de suivre une route au bout de laquelle, après avoir vaincu des obstacles de plus d'un genre, il resterait encore à forcer le passage d'une rivière énorme, ou plutôt d'un bras de mer, avant que d'arriver au but de l'expédition. D'ailleurs les corps auxiliaires espagnols étant chargés d'occuper les provinces à la rive droite du Duero, et à la rive gauche du Tage, les opérations particulières de l'armée principale paraissaient devoir être centrales et exclusivement appliquées au pays compris entre les deux grands fleuves du Portugal.

Il était donc inévitable de se heurter contre l'Estrella. De ce côté, deux chemins mènent à Lisbonne. L'un est au nord, l'autre au midi de la crête de la montagne. Le premier passe par Almeida, Celorico, Ponte-Murcella et Thomar. Les charrettes étroites du pays qui sont attelées de bœufs[1] y roulent avec facilité.

---

[1] Les transports d'agriculture se font en Portugal avec des charrettes basses et grossièrement travaillées, semblables à celles dont on se sert dans les autres régions montagneuses de la péninsule espagnole, en Turquie, et dans le nord de l'Afrique; elles ont ordinairement trois pieds et demi de voie. Le fer entre pour peu dans leur construction; il y en a même où on ne l'emploie pas du tout. Les roues sont ou massives ou à jantes bandées avec des morceaux de chêne vert. Elles adhèrent à l'essieu, qui tourne avec elles; comme on ne les graisse jamais, la rotation produit un sifflement continuel qui, s'entendant de loin, sert d'avertissement aux autres charrettes engagées dans le chemin étroit de la montagne.

On trouvera dans le *Voyage en Portugal*, par

On n'avait à éprouver d'obstacles considérables pour la marche de l'artillerie qu'à la descente du plateau schisteux de la Beira-Alta [1], dans la vallée du Mondego. Les torrens à passer à gué sont en petit nombre. Il y a des ponts sur les principales rivières, comme le Mondego, l'Alva, la Ceïra. Le pays est peuplé et abondant. Le second chemin va par Castello-Branco et Abrantès. Il traverse, pendant l'espace de trente lieues, un amas de rochers, un désert où l'industrie a fécondé çà et là quelques coins d'une

---

MM. le professeur Link et le comte Hoffmannsey, le tableau le plus fidèle qui ait été tracé des hommes et des choses de ce pays.

[1] La Beira se divise en plusieurs parties, savoir : *Beira-Alta*, Haute-Beira, qui comprend depuis la Serra de Estrella jusqu'au Duero, et depuis la frontière d'Espagne jusqu'à la rivière d'Arda ; *Beira-Baixa*, Basse-Beira, qui comprend le pays entre la Serra de Estrella et le Tage ; *Beira-Mor*, qui comprend le pays voisin de la mer. On désigne, sous le nom de *Cova de Beira*, les hautes vallées du Zezere et du Meimao entre Belmonte, Covilham et Fundas.

terre ingrate. Les contre-forts escarpés de la Sierra[1] d'Estrella se présentent perpendiculairement à la direction de la marche. De deux lieues en deux lieues on rencontre des rivières qui n'ont ni pont, ni bateaux, et que pendant l'hiver ou après les pluies on ne passe pas sans un danger éminent. Dans un terrain si fortement accidenté, la défense la plus inerte peut déconcerter l'armée la plus aguerrie. Quand, après avoir triomphé des hommes et de la nature, cette armée arrive à Abrantès, et touche pour ainsi dire au terme de ses travaux, le Tage et le Zezere la séparent de la Terre Promise, et présentent une barrière impénétrable à ceux qui n'ont pu conduire avec eux ni artillerie, ni équipages de pont.

Ces détails de localité étaient ignorés de

---

[1] Une chaîne de montagnes s'appelle, en espagnol, *sierra*, et en portugais *serra*, ce qui veut dire *scie*. Les habitants de la Péninsule ont trouvé que les ressauts des sommités dont sont hérissées les chaînes, ressemblent à la dentelure d'une scie.

l'armée, car les cartes géographiques sont si inexactes, qu'elles ne donnent seulement pas le nom des rivières qu'on doit traverser. Les Portugais eux-mêmes connaissent mieux l'Inde et le Brésil que les vallées du Tras-os-Montes et de la Beira. Ce que pouvaient en apprendre aux Français les Espagnols de Salamanque, ils le tenaient de muletiers ignorans. Le général Junot se décida à prendre le chemin d'Abrantès, parce qu'il est plus court que celui de Ponte-Murcella. Il y gagnait aussi plusieurs avantages, comme d'éviter la place d'Almeida, qui probablement n'eût pas ouvert ses portes, et de se ravitailler en munitions de guerre et de bouche dans la ville d'Alcantara sur le Tage, où se rassemblait la division espagnole du général Caraffa.

L'armée partit de Salamanque le 12 novembre. Elle marcha par brigade, chacune à un jour d'intervalle de celle qui la précédait : les troupes eurent l'ordre de faire en cinq jours les cinquante lieues qui séparent Salamanque d'Alcantara. L'artillerie et les bagages devaient marcher avec les colonnes d'infanterie; la route fut tracée par Ciudad-Rodrigo, le Puerto [1] de Peralès et Moraleja. Le temps était affreux, il tombait des torrens de pluie. Plusieurs voitures restèrent en arrière dès le passage de l'Yeltes avant d'arriver à Ciudad-Rodrigo. En avançant, les difficultés de la marche ne firent qu'augmenter. Comme on n'avait prévu à Madrid ni la rapidité, ni la direction du mouvement, les vivres n'étaient pas préparés, et il était impossible d'en rassembler avec promptitude sur une frontière dépeuplée par les anciennes guerres entre l'Espagne et le Portugal. Les soldats, n'ayant pas à manger, rôdèrent en arrière et sur les flancs des colonnes, s'égarèrent dans les bois et inquiétèrent les paysans. Plusieurs périrent en pas-

---

[1] On appelle en espagnol *Puerto*, et en portugais *Porto* ou *Portella*, les cols ou passages des montagnes.

sant à gué l'aquéduc entre Funte-Guinaldo et Pena-Parda. La tête de l'armée arriva sur le Tage dans un état de malaise et de désordre qui était l'avant-coureur d'un désordre et d'un malaise plus grands.

Le général Junot avait précédé de deux jours les troupes à Alcantara. Cette ville, située à la rive gauche du Tage, est célèbre par son pont, magnifique ouvrage des Romains. Elle était regardée autrefois comme une des principales places d'armes de l'Espagne contre le Portugal, quoique ses fortifications se bornent à une mauvaise enceinte avec des angles saillans et rentrans, sans chemin couvert et sans fossé. On n'y trouva pas d'établissemens militaires. Le général Caraffa était dans la ville depuis huit jours. La dépopulation du pays environnant n'avait pas permis de remplacer dans les magasins et dans les parcs de bestiaux le pain et la viande que la division avait consommés. On put à peine donner aux Français une ou deux rations par homme. Leurs cartouches avariées furent échangées contre des munitions neuves. Les troupes allongeaient la marche de quatre lieues en venant à Alcantara. Le général en chef ordonna à celles qui n'étaient pas encore arrivées et à toutes les voitures de ne pas dépasser Zarza-la-Mayor. Malgré la faim, la pluie, l'ignorance des chemins, et l'incertitude relativement aux ennenemis qu'on rencontrerait, il n'hésita pas sur le parti qu'il avait à prendre. Dans sa position, marcher était combattre, arriver serait avoir vaincu. Le corps d'observation de la Gironde fut prévenu par l'ordre du jour du 17 novembre qu'il entrerait en Portugal avant quarante-huit heures. Une proclamation [1] faite le même jour au quartier général d'Alcantara annonça aux Portugais que les armées de Napoléon venaient dans leur pays pour faire cause commune avec leur bien-aimé souverain contre les tyrans des mers. Les habitans

---

[1] *Voyez* à la fin du volume (D).

étaient, suivant l'usage, invités à demeurer tranquilles dans leurs villes et dans leurs villages, et menacés des peines de droit s'ils prenaient les armes contre les Français leurs alliés. Comme un grand nombre de soldats, une partie de l'artillerie et tous les bagages étaient restés en arrière, l'adjudant-commandant Bagnéris eut l'ordre d'attendre à Zarza-la-Mayor les détachemens, les traîneurs et les voitures qui arriveraient successivement, et d'en former une colonne avec laquelle il suivrait la dernière division de l'armée.

Le 19 novembre, une compagnie de voltigeurs prit poste à Segura, village portugais qui, de son ancien château démoli dans les guerres passées, n'a conservé qu'une tour à demi détruite. Le 19, l'avant-garde, composée du 70e régiment d'infanterie, de deux compagnies de sapeurs-mineurs catalans et du régiment de hussards espagnols de Marie-Louise, sous les

---

[1] *Voyez* la carte n° II.

ordres du général de brigade Maurin, commença le mouvement. Elle fut suivie le lendemain par les première et deuxième divisions d'infanterie, et par celle du général Caraffa. Ces troupes entrèrent en Portugal par le pont de Segura sur l'Erjas, et rallièrent la compagnie de voltigeurs qui avait été détachée en avant. Le reste de l'armée partit les jours suivans de Zarza-la-Mayor, et passa l'Erjas à gué au pied de la montagne où sont les débris de la forteresse démantelée de Salvaterra do Estremo.

On se dirigeait sur Castello-Branco. L'avantgarde prit le chemin le meilleur, mais le plus long, celui qui traverse la petite ville d'Idanha-a-Nova. Le reste de l'armée marcha en deux colonnes, l'une par Zibreira et Ladoeiro; l'autre, par Rosmaninhal et Monforte. Toutes deux passèrent à gué l'Aravil et le Poncul, rivières qui se jettent dans le Tage.

Castello-Branco est bâti sur le penchant d'une colline et dominé par un vieux château. Le maréchal de Berwick a fait sauter, en 1704, une partie de ses murailles. L'armée espagnole du comte d'Aranda et le corps auxiliaire français, commandé par le prince de Beauvau, n'ont pas été plus loin que cette ville en 1762. C'est un évêché et un chef-lieu de comarque. Sa population est de plus de six mille ames, nombre considérable dans un tel pays.

Les troupes passèrent une seule nuit à Castello-Branco et continuèrent à marcher sur deux colonnes. L'avant-garde et la deuxième division s'acheminèrent par Perdigao et Macao ; le chemin est praticable pour les hommes et pour les chevaux : les torrens qu'il rencontre sont en petit nombre. Il franchit à la Portella da Milharica les montagnes escarpées qui courent perpendiculairement au Tage, depuis le sommet du Moradal jusque derrière Villa-Velha, et qui, après avoir resserré le fleuve entre deux rochers, se prolongent vers Niza dans l'Alemtejo. Une rivière, l'Ocreza, traverse, ou plutôt déchire cette chaîne ardue. L'Ocreza n'est jamais guéable près de son embouchure dans le Tage.

Les troupes la passèrent devant Vendas-Novas, sur un bac qui ne contenait que douze hommes ou quatre chevaux à la fois. Le transport de huit à dix mille hommes et de huit à neuf cents chevaux d'une rive à l'autre ne put s'effectuer qu'en perdant des soldats, et avec une extrême lenteur.

L'état-major général, la première division, la plus grande partie des colonnes d'arrière-garde, et ce qu'on put mener de voitures d'artillerie suivirent le chemin d'en-haut, plus large que l'autre, mais hérissé de blocs de quartz et d'aspérités rocailleuses. A chaque pas, les rivières gonflées et rapides mettaient à l'épreuve la patience des soldats et en emportaient quelques-uns. Outre plusieurs torrens moins considérables, ils durent passer successivement à gué la Liria, l'Ocreza qui avait alors plus de quatre pieds d'eau, l'Alvito, plus large, et presque aussi profond; la Troya, dont le passage eût été regardé comme très-dangereux, si l'on n'eût pas traversé auparavant l'Alvito et l'Ocreza. Sur la rive droite de l'Alvito s'élève à pic la chaîne qui vient du Moradal. Le col par lequel la route la franchit s'appelle Portella das Thalhadas. L'armée vit à droite et à gauche du chemin les restes des redoutes élevées par le comte de Lippe, quand il voulut, dans la campagne de 1762, ajouter à la force de cette forte position. Après quinze heures de marche, les hommes les plus ingambes et les plus vigoureux arrivèrent à Sobreira-Formoza. Les Français ne s'arrêtèrent qu'une nuit dans ce village. D'autres torrens, d'autres montagnes les attendaient jusque près d'Abrantès. Les vieux soldats qui avaient guerroyé dans les Alpes de la Suisse et du Tyrol, furent étonnés quand il fallut descendre presque verticalement dans le lit du Codes, et escalader ensuite le mur de rochers à la rive gauche de cet affluent du Zezere.

Pendant cinq mortelles journées, de tristes monticules de grès succèdent à des landes de rochers schisteuses et tranchantes, et sont remplacés par d'énormes montagnes de granit. Là où la pierre ne se montre pas à découvert, l'œil se perd dans des landes uniformément parsemées de bruyères et de cistes. Des chèvres maigres et promptes à fuir dans la montagne composent les seuls troupeaux des habitans. Il faut, pour trouver des traces humaines, les chercher au fond de quelques ravins qui conservent l'eau pendant l'été. Là, près du hameau qui, par la couleur et la forme de ses maisons, ressemble à une continuation de l'éternel rocher, on a planté d'oliviers quelques terrains enclos, et l'on a semé un peu de seigle et de maïs. Rien n'interrompt la monotonie du paysage, que des châtaigniers isolés, alors dépouillés de leurs feuilles, les pâles arbres à liége, et les chênes verts rabougris dont la vue attriste dans toutes les saisons.

Le mauvais temps assaillit constamment l'armée. Les pluies de la fin d'automne sont, en Portugal, un véritable déluge qui rappelle l'hivernage des Antilles. Vingt fois chaque jour les colonnes d'infanterie se rompaient en passant à gué les rivières gonflées et débordées. Les soldats marchèrent à la débandade. En cessant d'être contenus par le lien de l'organisation et par la présence de leurs chefs, ils ressemblèrent non plus à une armée, mais à un ramassis d'hommes exaspérés par la misère. Les journées de marche étaient très-longues. Les sentiers étroits obligeaient souvent à défiler un à un. Dans ce pays de hautes montagnes, le soleil restait alors à peine huit heures sur l'horizon. On n'arrivait au gîte que très avant dans la nuit. Et quel gîte ! presque toujours le roc nu. Pendant les guerres d'Allemagne, un poêle enfumé et des hôtes bienveillans faisaient oublier aux Français les peines d'une marche forcée. En Portugal c'était beaucoup quand, après des fatigues plus grandes, ils trouvaient à se recueillir sous l'abri d'un chêne vert, quand de chétifs oliviers leur procuraient de quoi allumer un feu qui n'avait pas assez de force pour sécher leurs corps et leurs habits imbibés des eaux du ciel et des torrens.

Les Français n'étaient pas attendus en Portugal ; rien n'était préparé pour les recevoir soit en amis, soit en ennemis. On avait su dans la Beira qu'ils côtoyaient la frontière. Comme les magistrats ne recevaient de Lisbonne ni ordres, ni avis sur la conduite à tenir envers eux, on jugea que l'armée française passerait le Tage en Espagne, pour aller à Gibraltar. Cette opinion s'accrédita quand on vit les premières colonnes se porter sur Alcantara. Tout-à-coup, les voilà qui entrent sans vivres, sans moyens de transports et qui traversent au pas de course une contrée où le voyageur prudent ne quitte point la couchée de la nuit, sans emporter avec lui des provisions pour la route.

Ainsi, l'on ne faisait pas de distributions de vivres. Castello-Branco, la seule ville de la route qui eût pu fournir du pain, de la viande et du vin, fut prise au dépourvu, et comme abasourdie par l'irruption des troupes étrangères. Malgré plusieurs exemples de sévérité donnés par le général en chef sur des coupables français et espagnols, moins en punition d'inévitables délits, que pour prévenir le retour du désordre à une époque où il serait moins excusable, le pillage empêcha les habitans d'appliquer à la subsistance de l'armée les faibles ressources, dont ils eussent pu disposer dans des circonstances ordinaires. Les soldats poussés par le besoin se jetèrent dans les landes et mangèrent le miel des ruches qui y sont éparses; les uns découvrirent et dévorèrent la frugale provision de maïs, d'olives et de châtaignes que le pauvre avait réservée pour nourrir sa famille pendant l'hiver. Les autres vécurent des glands de chêne, *bellotas*, avec lesquels on engraisse les bestiaux dans la Péninsule. Malheur à l'humble chaumière qui se trouva à portée de ces bandes affamées! Les familles effrayées prirent la fuite. Beaucoup de soldats d'infanterie furent tués par les paysans réduits au désespoir. La cavalerie perdit un plus grand nombre de chevaux ; les plus vigoureux étaient déferrés, maigris, exténués. L'artillerie resta en arrière dès la première journée après le passage de l'Erjas, bien qu'on attelât douze bœufs ou chevaux aux pièces de bataille, et qu'on leur fît gravir les montagnes, portées plutôt que traînées par les canonniers et par les soldats attachés au service du parc.

Le général Junot arriva le 24 au matin à Abrantès. Son avant-garde y était entrée la veille. Il songea d'abord à s'assurer du passage du Zezere. La prise de possession de Punhete[1], petite ville située sur la rive gauche de cette rivière, et à son confluent avec le Tage, devait être, sous le point de vue militaire, le complément de l'occupation d'Abrantès. Le

---

[1] A Punhete, les bateaux sont construits avec tant de rapidité, qu'ils semblent descendre des forêts sur le fleuve.

capitaine de génie, Mezcur, les sapeurs-mineurs catalans, et un détachement d'infanterie française, allèrent à Punhete pour établir, avec l'assistance des habitans du pays, un pont formé de bateaux qui, après avoir été employés à cet usage en 1801, étaient restés abandonnés en divers endroits de la rivière. Abrantès est une ville considérable. Elle est bâtie sur le revers méridional d'une éminence au pied de laquelle coule le Tage. On y arrive par des chemins étroits et difficiles; la partie d'en-haut a de vieux murs et un château ruiné. Il existe un pont de bateaux à demeure à un quart de lieue au-dessous des murailles de la ville. C'est le dernier en allant vers Lisbonne. Bientôt le Tage, grossi du Zezere, cesse de rouler dans des gouffres et descend à la mer majestueux, immense et arrosant des campagnes fertiles situées à la sortie du désert et à l'entrée de l'Alemtejo d'une part, et de l'Estramadure de l'autre. La place d'Abrantès peut exercer la plus haute influence sur les opérations de la guerre. Il ne lui manque que d'être mieux fortifiée pour être appelée la clef du Portugal.

L'armée trouva à Abrantès le terme de ses souffrances. On distribua aux soldats des vivres et des souliers. L'incertitude où l'on était resté jusqu'alors sur le parti que prendrait la cour de Lisbonne, et la juste crainte qu'on avait d'un débarquement anglais à l'embouchure du Tage, disparurent devant un espoir consolateur. Si le prince régent avait voulu se servir de la force des armes pour refuser aux étrangers l'entrée du royaume, rien ne l'empêchait d'opposer aux Français plus de dix mille soldats rassemblés d'avance aux environs de sa capitale. Les troupes de ligne et les miliciens auraient rempli Abrantès, ou du moins on les aurait vus garnissant les retranchemens qui existent encore sur la rive droite du Zezere devant Punhete. Au contraire, l'aspect moral du pays était calme et pacifique. Dès lors le succès de l'expé-

dition ne fut plus un problème. Le général français avec une espèce d'abandon qui n'était pas dépourvu de calcul, annonça lui-même au premier ministre de Portugal son arrivée à Abrantès. « Je serai dans quatre jours à Lis-
» bonne, » lui disait-il. « Mes soldats sont dé-
» solés de n'avoir pas encore tiré un coup de
» fusil. Ne les y forcez pas. Je crois que vous
» auriez tort. »

Le Portugal était conquis, et le prince régent ne savait pas même que les troupes étrangères fussent entrées sur son territoire. Depuis que la légation française et l'ambassade espagnole s'étaient éloignées de Lisbonne, le gouvernement avait conseillé aux marchands composant la factorerie anglaise de ne pas attendre l'issue d'une querelle qui, dans toutes les hypothèses probables, tournerait mal pour eux ; pour hâter leur départ, il leur avait fait la remise des droits de douane sur la sortie des marchandises. Aussitôt partirent de Lisbonne et d'Oporto, emportant avec elles leurs richesses, trois cents familles anglaises presque dénationalisées par un long séjour dans ces deux villes. On promit de respecter les personnes et les propriétés de celles qui restaient. A cette condition, et sous la réserve que les troupes françaises et espagnoles n'entreraient pas en Portugal, l'Angleterre permit à la cour de Lisbonne de céder ostensiblement à la volonté de l'empereur Napoléon.

Fort de cet assentiment, on écrivit à Paris qu'on adhérait pleinement et absolument au système continental et qu'on allait déclarer la guerre à la Grande-Bretagne ; mais on remontrait que la situation particulière du pays et ses intérêts maritimes et coloniaux commandaient une extrême prudence. On attendait de l'Amérique des vaisseaux richement chargés. Une escadre portugaise, alors en croisière devant Alger, tomberait immanquablement entre les mains des Anglais, si l'on commençait les hostilités avant qu'elle eût eu le temps de rentrer dans le Tage. Le Brésil était dépourvu de fortifications et de troupes. Il importait aux puissances coalisées contre la suprématie d'une seule qu'elle n'ajoutât pas cette riche portion du continent américain à ses possessions déjà si nombreuses. Pour empêcher le Brésil de devenir une colonie anglaise, le prince régent offrait d'envoyer, avec le titre de connétable, son fils premier né réchauffer chez ses sujets du Nouveau-Monde l'amour pour la mère-patrie. Le prince de Beira n'avait alors que neuf ans; mais la princesse douairière du Brésil, sœur de la reine, chère au peuple et regardée comme la plus forte tête de la maison de Bragance, devait accompagner l'infant et gouverner en son nom avec l'assistance de l'ancien vice-roi, Don Fernando de Portugal. On espérait à Lisbonne que cette résolution, notifiée en même temps à la nation et aux cours étrangères, s'accorderait avec les vues politiques de la France. Si l'espoir du prince régent était trompé, il devait prendre à regret, ainsi qu'il l'avait déclaré plusieurs fois, le parti de s'éloigner de ses États d'Europe avec sa famille.

Cependant les nouvelles de Paris ne cessaient pas d'être alarmantes. L'ambassadeur portugais n'avait eu que des soupçons vagues sur les machinations et les intrigues qui avaient précédé le traité de Fontainebleau; mais il voyait les troupes s'agglomérer à Bayonne. Ses lettres, plus pressantes de jour en jour, déterminèrent enfin le cabinet de Lisbonne à déclarer officiellement la guerre à l'Angleterre. Par son édit du 20 octobre[1], le prince régent annonça que, ne pouvant conserver plus long-temps la neutralité qui avait été si avantageuse aux sujets de sa couronne, il se déterminait à accéder à la cause du continent et qu'il fermait l'entrée de ses ports aux navires de la Grande-Bretagne, tant de guerre que de commerce. Le 22 octobre, l'ambassadeur de Portugal en Angle-

---

[1] *Voyez* à la fin du volume (E).

terre signa, au nom du même prince, une convention éventuelle par laquelle la cour de Londres s'engageait à tolérer la clôture des ports du Portugal, si la France n'exigeait pas davantage, et promettait des secours actifs pour transporter la cour de Lisbonne au Brésil, dans le cas où les prétentions outrées de l'ennemi commun rendraient cette mesure nécessaire.

Plus il y avait d'hésitation et de difficulté dans la marche du gouvernement portugais, plus il s'efforça de faire croire à la sincérité avec laquelle il entrait dans un nouvel ordre d'idées politiques. Une levée de recrues fut ordonnée pour porter à douze cents hommes les régimens d'infanterie, qui tous étaient incomplets. Le prince régent décréta, le même jour, la mise sur pied des deux régimens de milice de Lisbonne orientale et de Lisbonne occidentale, et la création d'un nouveau corps de cavalerie sous le nom de volontaires royaux à cheval. Des officiers du génie et de l'artillerie furent envoyés dans la presqu'île de Péniche et dans les forts maritimes, pour les réparer, les armer et augmenter les moyens d'attaque et de défense. On traça sur la rive gauche du Tage des batteries nouvelles destinées à croiser leurs feux avec celles de la rive droite. On organisa des batteries mobiles sur la côte. On déplaça plusieurs corps qui, non plus que le reste de l'armée, n'avaient pas bougé jusqu'alors de leurs garnisons ordinaires. Une brigade, composée de deux régimens stationnés dans la capitale, le quatrième et le dixième d'infanterie, vint cantonner à Carcabelos, près de l'embouchure du Tage, avec l'ordre de s'opposer aux débarquemens que l'ennemi pourrait tenter; et, en cas de nécessité, se jeter dans les forts. Le treizième régiment d'infanterie partit aussi de Lisbonne pour tenir garnison à Peniche, qui n'était gardé auparavant que par des soldats invalides. La légion légère renforça la garnison de Setubal. Des camps furent indiqués à Barcellos au nord du Duero, à Sourc près de Coïmbre, à Mafra et à Alcacer do Sal au sud du Tage. En attendant qu'ils se formassent, on parut avoir établi une ligne d'observation suffisante pour la surveillance de la côte.

Le mouvement fut encore plus prononcé dans le service de la marine. On avait besoin d'escadres pour défendre l'entrée du Tage contre les escadres de l'Angleterre. On vit le vicomte d'Anadia, secrétaire d'État de ce département, s'arrachant tout-à-coup à ses habitudes douces et paresseuses, accourir à l'arsenal dès la pointe du jour, et passer sa vie sur les vaisseaux. Les bâtimens de guerre de toute grandeur jugés en état de tenir la mer furent radoubés, équipés et approvisionnés sans perdre de temps.

Le trésor royal était épuisé ; le numéraire devenait chaque jour plus rare. Un accroissement de recette était nécessaire pour couvrir les dépenses causées par l'augmentation et la mobilisation des armées de terre et de mer. Les particuliers furent invités par un décret souverain à porter leur vaisselle à la monnaie, soit en don, soit en prêt, soit pour y être frappée à leur compte. Le prince régent donna l'exemple, et fit convertir en cruzades neuves une partie de l'argenterie de la couronne.

Les moines clairvoyans remarquèrent qu'il y avait plus d'ostentation que de réalité dans l'étalage des préparatifs de défense, et que les moyens, dont l'efficacité était la plus apparente, pouvaient recevoir une destination tout opposée à celle qu'on avouait. Ainsi, la flotte ayant été pourvue de vivres pour plusieurs mois, rien n'empêchait qu'elle servît à transporter au Brésil la famille royale et les grands de l'État. L'argenterie, dénaturée et frappée en monnaie, pouvait être déplacée avec plus de facilité. Les régimens réunis aux environs de Lisbonne pouvaient servir à protéger le départ du prince contre une insurrection populaire qu'il était naturel de prévoir ; et dans le cas où l'on serait pressé par des troupes étrangères, les forts fermés et garnis d'artillerie, et surtout la place de Péniche, devaient faire gagner, par leur résistance, le temps nécessaire pour effectuer l'embarquement régulièrement et sans trouble.

Ce n'était pas à tort que la cour de Lisbonne se défiait de ses nouveaux alliés. L'orage formé contre elle grossissait avec une rapidité effrayante. Les ambassadeurs du Portugal avaient été renvoyés de Paris et de Madrid. Don Lourenço de Lima donna par sa présence à Lisbonne une nouvelle force aux argumens dont était remplie sa correspondance. Il avait vu le corps d'observation de la Gironde en pleine marche à travers l'Espagne. On se repentit alors d'avoir temporisé. Malgré les promesses faites à l'Angleterre, le prince régent signa, le 8 novembre, l'ordre de garder à vue le petit nombre de sujets anglais qui étaient restés à Lisbonne et de séquestrer leurs propriétés. Sa conscience timorée se tranquillisait par la considération des facilités et des délais qui leur avaient été accordés pour mettre en sûreté leurs marchandises et leurs personnes.

Le temps pressait. Il fallait avant tout arrêter la marche de l'armée française et apaiser Napoléon. Don Pedro-José-Joaquim Vito de Menezes, marquis de Marialva, un des seigneurs de la cour les plus qualifiés par sa naissance et les plus distingués par la culture de son esprit, fut envoyé à ce monarque. Il était autorisé à offrir des sacrifices pécuniaires, et pour donner à l'Empereur une marque personnelle de respect, il devait proposer un mariage entre le prince de Beira, héritier futur du trône, et l'une des filles du grand-duc de Berg.

Les événemens de guerre empêchèrent M. de Marialva de dépasser Madrid. Fût-il arrivé jusqu'à Paris, sa mission n'aurait pas eu plus de succès. Ce n'était pas seulement pour occuper deux grands ports sur l'Océan que l'Empereur envoyait ses troupes au-delà des Pyrénées. Il embrassait dans ses vastes projets la Péninsule tout entière. Les intelligences secrètes du Portugal avec l'Angleterre n'avaient pas échappé à sa vigilance, et servaient sa politique dans le système que protégeait alors la victoire; puisque la maison de Bragance trahissait la cause du continent, elle devait cesser de régner [1].

Au jour de la détresse de son allié de cent ans, l'Angleterre n'essaya pas de commettre ses armées dans une lutte inégale contre les forces de la France et de l'Espagne réunies. Mais ne pouvant défendre les Portugais, elle voulut au moins avoir sa part de leur dépouille. Sir Sidney Smith, célèbre pour avoir, à Saint-Jean-d'Acre, fait tant soit peu rebrousser la fortune de Napoléon, partit de l'Angleterre dans les premiers jours de novembre, à la tête

---

[1] Voyez *le Moniteur* du 13 novembre 1807.

d'une armée navale pour favoriser le passage du prince régent au Brésil, et, s'il s'y refusait, pour lui prendre son escadre. Comme l'opération pouvait présenter des difficultés, on donna l'ordre au lieutenant-général sir John Moore, qui passait alors avec sept mille hommes de la Sicile dans la mer Baltique, de s'arrêter devant Lisbonne pour y concourir. Un autre corps de troupes qu'on rassemblait alors à Portsmouth, sous les ordres du général major Brun Spencer, dut se diriger vers la même contrée si on y prévoyait de la résistance. Le général Béresfort partit avec un régiment pour occuper l'île de Madère. Des ordres furent envoyés aux Grandes-Indes pour qu'on s'emparât de Goa et des autres possessions portugaises. La prévoyance anglaise n'oublia même pas le comptoir de Macao en Chine.

Un homme moins connu alors par ses services diplomatiques que par ses succès dans la littérature légère, lord Strangford, était ministre plénipotentiaire de S. M. britannique près le prince régent. Malgré la déclaration officielle du 20 octobre, il avait continué à résider à Lisbonne et à traiter avec les ministres. Il leur disait que « le roi d'Angleterre, en consentant à » ne point ressentir l'outrage de l'exclusion des » ports du Portugal, avait accordé tout ce que » la difficulté des temps et le souvenir d'une » ancienne alliance pouvaient justement exiger, mais qu'une complaisance de plus pour » la France amènerait inévitablement des re- » présailles. » L'effet suivit de près la menace. Aussitôt que le vicomte de Strangford fut informé de l'ordre donné pour la détention de ses compatriotes, il fit enlever les armes d'Angleterre de la porte de son hôtel et demanda ses passe-ports. Peu de jours après, il se rendit à bord de l'*Hibernia*, vaisseau amiral de la flotte anglaise qui venait d'arriver à hauteur de la barre de Lisbonne. Conformément aux instructions données par le ministère, le contre-amiral sir Sidney Smith déclara l'embouchure du Tage et les côtes du Portugal en état de blocus[1].

Des fenêtres de son palais de Mafra, le prince régent vit les vaisseaux de la Grande-Bretagne courir sus aux navires de ses sujets. Sur mer comme sur terre tout était hostile autour de lui. Pour avoir voulu ménager deux puissances rivales, on allait tout perdre à la fois, et l'on n'emporterait même pas la consolation de sauver l'honneur. Triste condition d'un souverain, dont les courtisans ne purent croire au patriotisme et au dévouement de la nation, parce qu'il n'y avait au fond de leur propre cœur qu'égoïsme et pusillanimité.

Les vaisseaux des marchands de Lisbonne et de Porto furent saisis et emmenés dans les ports de l'Angleterre le jour même où les Français, passant l'Erjas, commencèrent à saccager les chaumières des paysans de la Beira. Le manque de postes et de chemins, et la négli-

---

[1] *Voyez* à la fin du volume (F)

gence de l'administration, firent que leur marche resta ignorée. On les croyait arrêtés à Salamanque, ou tout au plus arrivés à Alcantara, quand, le 24 novembre au soir, parvint au gouvernement la lettre de leur général en chef datée d'Abrantès. Par une coïncidence singulière, le même jour, 24 novembre, arriva à l'escadre anglaise un messager envoyé de Londres, qui apportait la feuille du Moniteur français, où il était dit que la maison de Bragance avait cessé de régner, et en même temps l'assurance que l'Angleterre était prête, oubliant le passé, à rendre son amitié au prince régent s'il consentait à partir pour le Brésil, mais qu'elle ne souffrirait jamais que la flotte du Portugal tombât entre les mains de la France.

Le plus sûr pour cela était de s'en emparer. Mais il fallait prendre les forts du Tage, et les troupes des généraux Moore et Spencer n'étaient pas encore arrivées. Sir Sidney Smith envoya un message à terre et l'appuya par des lettres pressantes. Lord Strangford débarqua : on assembla un conseil d'État extraordinaire, on y discuta devant le prince la situation de la maison de Bragance et de la monarchie. L'Angleterre garantissait les possessions coloniales.

Du côté de la France, au contraire, il n'y avait à attendre que la sentence prononcée par le terrible Moniteur. Après tout, mieux valait régner en Amérique qu'être prisonnier en Europe. Pour rendre sensible aux yeux des moins éclairés un point de fait si évident, l'entraînement de sir Sidney Smith et la faconde de lord Strangford étaient même superflus. Un conseiller plus éloquent que les deux Anglais, la peur, vainquit enfin les perpétuelles irrésolutions du prince régent ; il se décida à s'embarquer.

A l'issue du conseil, la famille royale vint au château de Quélus, à deux lieues de Lisbonne, afin d'être plus rapprochée de la cale de Belem, où allaient se faire les préparatifs du départ. Le résultat des délibérations fut communiqué aux principaux personnages du gouvernement et de la cour, et à ceux que le prince régent désigna nominativement pour l'accompagner au Brésil. La brigade de marine monta à bord des vaisseaux. Les capitaines des bâtimens de guerre et de commerce furent autorisés à recevoir, dans les emplacemens dont l'autorité n'avait pas disposé, les sujets fidèles qui voudraient courir les chances de l'émigration, et de préférence parmi eux les officiers de l'armée de terre et de mer. On défendit aux douanes de percevoir les droits du fisc sur les hardes et les meubles des émigrans. La plupart des employés du gouvernement demandèrent à suivre le prince, et beaucoup furent refusés. Il n'y avait pas sur les vaisseaux assez de place pour tous ceux que la crainte des troupes étrangères portait à partager la destinée de leur souverain. L'embarquement du mobilier de la cour et des particuliers se fit avec confusion [1]. Pendant trois jours le quai de Belem fut obstrué de voitures, d'effets précieux et de caisses pesantes, abandonnés pour ainsi dire à la merci du premier occupant.

La journée du 25 fut employée par le gouvernement à aviser aux moyens de diminuer le désordre et les froissemens auxquels la marche imprévue des armées étrangères ne pouvait manquer de donner lieu. L'ordre fut expédié aux magistrats civils et aux gouverneurs des places et des provinces de recevoir les troupes françaises et espagnoles. Cependant le chevalier d'Araujo envoya le négociant portugais José Oliveira de Barreto, qui avait une partie de sa famille établie en France, au-devant du général Junot, afin d'entrer en pourparler et gagner du temps.

---

[1] On porte à quinze mille ames l'émigration qui eut lieu dans cette circonstance, tant sur la flotte que sur les bâtimens du commerce nationaux et étrangers.

Le 26, un décret [1] publié et affiché dans les rues de Lisbonne annonça au peuple portugais la résolution prise par le prince de transporter dans les États d'Amérique la reine, sa famille et la cour, et de fixer sa résidence à Rio de Janeiro jusqu'à la conclusion de la paix générale. « Après l'épuisement du trésor pu-
» blic, et malgré des sacrifices sans cesse re-
» nouvelés, il n'avait pu, disait-il, parvenir
» à conserver à ses bien-aimés sujets le bien-
» fait de la paix. Les troupes françaises étaient
» en marche vers la capitale : résister serait
» faire couler sans profit pour la patrie le
» sang de braves gens. Étant plus particuliè-
» rement l'objet de l'inimitié non méritée de
» l'empereur Napoléon, il s'éloignait avec les
» siens, afin de diminuer la somme des maux
» qui pèseraient sur le pays. »

A l'imitation de ce qui fut fait en l'année 1574, quand le roi Sébastien partit pour

---

[1] *Voyez* à la fin du volume (G).

l'expédition d'Afrique, le prince régent remit les rênes du gouvernement pendant son absence à un conseil de cinq membres choisis parmi les hommes les plus éminens de la monarchie. Le marquis d'Abrantès, allié à la maison régnante comme descendant d'un fils naturel du roi Jean II, en fut le président. On recommanda aux gouverneurs du royaume de faire en sorte que l'armée française n'eût aucun sujet de plainte contre les habitans, et de maintenir la bonne harmonie entre les deux nations qui, quoique l'une traversât en armes le territoire de l'autre, ne cessaient pas pour cela d'être alliées sur le continent d'Europe.

Ceux qui connaissent la tendresse compatissante et le caractère aimant des Portugais, pourront se faire une image de la consternation dans laquelle Lisbonne fut plongée, quand on sut que le départ pour le Brésil était irrévocablement arrêté. Jamais une grande cité ne ressembla davantage à une seule famille. Les habitans, en se rencontrant, pressaient les

Le 29 au matin, les rues et les places publiques se remplirent de citoyens éplorés. La famille Royale partit de quelques plus tôt qu'on ne l'avoit cru, pour venir au lieu de l'embarquement. On avoit négligé de placer des gardes sur le rivage de Belem. La multitude se pressa autour des carrosses. La voiture de la vieille reine marchoit en tête du cortège lugubre. Il y avoit seize ans qu'elle ne s'étoit montrée au peuple. Condamnée depuis si longtemps à se survivre à elle-même, elle avoit retrouvé récemment, avec une lueur de raison assez vive pour entrevoir les calamités de son pays, les nobles sentiments d'une portugaise et d'une reine. On l'avoit entendu s'écrier à plusieurs reprises: eh quoi! nous quitterons le Royaume sans avoir combattu!... Comme son cocher hâtoit le pas des chevaux afin d'éviter l'encombrement de la foule: pas si vite, lui dit-elle, on croiroit que nous fuyons. Le prince de Brésil opposoit une fermeté semblable aux coups de la mauvaise fortune. Les nombreux enfants faisoient l'espoir de la nation fondoient en larmes à côté de leur mère. Le premier laquais vint le dernier. Quand il fut descendu de voiture, il put à peine marcher; les jambes lui manquoient sous lui. Les groupes s'entr'ouvroient en silence; il s'écartoit avec respect le peuple qui embrassoit ses genoux. Des pleurs couloient de ses yeux. Sa contenance disoit assez combien il avoit l'âme contristée et inquiète. En s'éloignant du lieu où régnoit la cendre de ses pères, son imagination frappée lui peignoit un avenir ténébreux et terrible comme les tempêtes qui bouleversent et agitent l'océan auquel il se confioit pour la première fois.

mains les uns des autres, demandaient, recevaient des consolations, comme si chacun allait perdre son fils ou son père. Les princes de la maison de Bragance étaient bons, simples et populaires. On les aimait, sinon par réflexion, du moins par habitude.

Le 27 au matin, les rues et les places publiques se remplirent de citoyens éplorés. La famille royale partit de Quélus plus tôt qu'on ne l'avait cru, pour venir au lieu de l'embarquement. On avait négligé de placer des gardes sur le rivage de Belem. La multitude se pressa autour des carrosses. La voiture de la vieille reine marchait en tête du cortége lugubre. Il y avait seize ans qu'elle ne s'était montrée au peuple. Condamnée depuis si longtemps à se survivre à elle-même, elle avait retrouvé récemment, avec une lueur de raison assez vive pour entrevoir les calamités de son pays, les nobles sentimens d'une Portugaise et d'une reine. On l'avait entendue s'écrier à plusieurs reprises : « Eh quoi! nous quitterions le royaume sans avoir combattu!...» Comme son cocher hâtait les pas des chevaux afin d'éviter l'encombrement de la foule : « Pas si vite, lui dit-elle; on croirait que nous fuyons. » La princesse du Brésil opposait une fermeté semblable aux coups de la mauvaise fortune. Ses nombreux enfans, naguère l'espoir de la nation, fondaient en larmes à côté de leur mère. Le prince régent vint le dernier. Quand il fut descendu de voiture, il put à peine marcher; ses jambes tremblaient sous lui. Il écartait avec la main le peuple qui embrassait ses genoux. Des pleurs coulaient de ses yeux; sa contenance disait assez combien il avait l'ame contristée et inquiète. En s'éloignant des lieux où repose la cendre de ses pères, son imagination frappée lui peignait un avenir ténébreux et terrible comme les tempêtes qui bouleversent l'Océan, auquel il se confiait pour la première fois.

On ne sort pas du Tage par tous les rumbs de vent. Le mauvais temps empêcha pendant quarante heures l'escadre de mettre à la voile. Ces quarante heures durèrent un siècle à la cour embarquée. Les Français, qui étaient comme tombés du ciel à Abrantès, pouvaient sans miracle avoir quitté cette ville après deux jours de repos, et apparaître tout-à-coup au milieu de Lisbonne. Dans l'appréhension des suites d'un retard prolongé, le prince régent ordonna de dégarnir de leur artillerie quelques forts qui menaçaient de foudroyer la flotte, et l'on commença à enclouer les canons des batteries.

Pendant la journée du 28, des groupes du peuple de la ville et des paysans des environs couronnèrent continuellement les sommités des collines qui avoisinent l'embouchure du Tage. Tous les regards étaient fixés sur l'escadre. Mais déjà la douleur publique avait pris un autre caractère. Elle n'était si expansive la veille, que parce que la perspective effrayante de l'avenir avait disposé à la mélancolie les esprits de la multitude. Chacun, en versant des larmes sur la famille royale, avait d'abord pleuré sa propre fortune. Maintenant d'autres réflexions se présentaient : le prince ne faisait plus cause commune avec son peuple; la nation était conquise sans avoir été vaincue. Prêtres, nobles, soldats, plébéiens, tous firent un cruel retour sur eux-mêmes : tous pensèrent à leur sûreté personnelle. Plusieurs s'enfuirent de cette capitale, qui bientôt allait être souillée par la présence des troupes étrangères.

Le 29 au matin, un vent favorable souffla de la terre. La flotte portugaise leva l'ancre. Elle était composée de huit vaisseaux de guerre, trois frégates et trois bricks, et d'un nombre considérable de vaisseaux marchands. A la sortie de la barre, elle passa au milieu de l'escadre anglaise sous voile qui l'accueillit avec les honneurs d'usage. Au moment où les vingt-un coups de canon du salut royal furent entendus à Lisbonne, le soleil s'éclipsa. Quelques Portugais superstitieux répétèrent alors avec *le Moniteur* de

Paris : « La maison de Bragance a cessé de
» régner. »

Tant que la famille royale avait été en vue, Lisbonne avait paru frappée d'une morne stupeur. Quand elle fut partie, la crainte et le désespoir produisirent la confusion. Le treizième régiment d'infanterie tout entier accourut de Péniche, sans ordre, à la nouvelle de l'embarquement du prince. La ville était pleine de soldats qui désertaient leurs drapeaux par bandes. On voyait les Anglais à la barre, car le contre-amiral sir Sidney Smith, en partant avec quatre vaisseaux pour convoyer la flotte portugaise jusqu'au Brésil, avait laissé devant Cascaës le reste de son escadre pour continuer le blocus du Tage. Le bruit se répandit d'un prochain débarquement des troupes anglaises. On assura ensuite qu'elles étaient déjà maîtresses de Péniche. Bientôt sortirent de leurs repaires des essaims de voleurs et de gens sans aveu, tels que les capitales en renferment un grand nombre, et Lisbonne fut sur le point de voir renouveler les scènes de désordre dont elle avait été le théâtre après le tremblement de terre de 1755. La garde royale de police n'était pas assez nombreuse pour dissiper les rassemblemens causés par la curiosité des uns et par la malveillance des autres. L'agitation et la turbulence du peuple croissaient d'heure en heure. Les propriétaires, les commerçans, ceux même qui avaient le plus d'aversion pour les Français désirèrent que la prompte arrivée de leur armée mît un terme à cet état d'incertitude et de trouble.

Les Français n'étaient pas loin, car leur général n'était pas demeuré oisif à Abrantès. Pendant que la crue extraordinaire des eaux et la violence du courant contrariaient l'établissement du pont de Punhete, il ralliait les premières troupes de l'armée, et donnait à son avant-garde une formation nouvelle. Les compagnies de grenadiers et de voltigeurs des première et deuxième divisions d'infanterie furent réunies en bataillons. Le général Caraffa, avec une partie de son corps espagnol, alla occuper Thomar pour faire des vivres. On prépara sur le Tage de grands bateaux qui devaient servir à transporter à Lisbonne les malades et le canon quand ils seraient arrivés à Abrantès. Trois cents hommes d'infanterie destinés à escorter ce convoi montèrent sur des bateaux légers, d'où ils pouvaient descendre avec facilité sur l'une et l'autre rive. Il fut décidé que les chevaux d'artillerie marcheraient séparément des voitures et suivraient sur terre le mouvement qu'elles feraient par eau. On envoya aux réserves d'artillerie et à la colonne d'équipages arrêtés à Zarza-la-Mayor des instructions pour leur faire prendre le chemin qui mène en Portugal, en passant par Alcantara et Badajoz. Aussitôt que le général en chef eut mis ensemble six à huit mille hommes, il n'attendit pas les autres : l'ordre fut donné aux troupes de marcher vers Lisbonne.

Le 26, l'avant-garde, composée de quatre

bataillons d'élite [1] commandés par le colonel Grandsaigne, premier aide-de-camp du général en chef et du régiment de hussards espagnols, vint à Punhete. Le lendemain elle passa le Zezère sur des bateaux. Les autres troupes suivirent à distance. On ne parvint à terminer le pont que lorsque la moitié de l'armée était déjà de l'autre côté. Junot s'était mis à la tête de son avant-garde; il trouva au bord de la rivière José Oliveira de Barreto qui arrivait de Lisbonne. Le commandeur d'Araujo suppliait le général en chef de suspendre le mouvement de l'armée, et de se faire précéder par un personnage de sa confiance avec qui l'on règlerait à l'avantage des deux nations les détails de l'occupation du territoire. On sut par l'en-

---

[1] On nommait, dans les armées de la République et de l'Empire, *bataillons d'élite*, les bataillons formés pour un coup de main, pour une marche, et quelquefois pour une campagne, avec les compagnies de grenadiers et de voltigeurs de différens régimens.

voyé la résolution que le prince avait prise de transporter en Amérique son gouvernement et sa cour.

Junot en éprouva une joie secrète. La présence d'un souverain, qu'il eût fallu ou ménager ou opprimer, n'eût servi qu'à embarrasser l'établissement des Français en Portugal. Cependant il continua à marcher, non dans l'espoir d'arriver à temps pour saisir la flotte du Tage, mais parce qu'il était impossible d'arrêter sans subsistances une armée irritée par de longues privations. L'ancien consul de France en Portugal, Herman, partit du quartier général de Punhete pour se concerter avec le commandeur d'Araujo. Quand il entra dans Lisbonne, le régent et ses ministres, établis depuis trente-six heures à bord des vaisseaux, appelaient par leurs vœux le souffle de vent qui devait les pousser dans la pleine mer.

Il y a vingt-cinq lieues d'Abrantès à Lisbonne. La route est bonne pour les voitures.

Elle longe à travers des campagnes fertiles la rive droite du Tage. La continuité des pluies d'automne avait enflé et fait déborder le fleuve et ses affluens. L'avant-garde et une partie de la première division parcoururent la plaine de Golégao, ayant de l'eau jusqu'aux genoux. Les autres troupes firent un détour par Torres-Novas et Pernes. Elles évitèrent les inondations de l'Alviela et de l'Almonda, en passant ces rivières sur des points plus distans de leurs embouchures dans le Tage. Les habitans du pays n'abandonnèrent point leurs maisons à l'approche des Français. On trouva des vivres à Santarem, ville de dix mille ames, une des plus belles du royaume et des mieux situées. Les traîneurs, toujours nombreux à cause du mauvais temps et des difficultés de la route, portèrent l'effroi dans les fermes isolées et dans ces charmantes *quintas*, l'ornement des vallées du Portugal, tant était enracinée parmi les troupes l'habitude du pillage contractée pendant leurs misères de la Beira !

La tête de l'armée arriva à Sacavem le 29 à dix heures du soir. Sacavem, village situé à deux lieues de Lisbonne, se lie à cette capitale par une suite non interrompue de maisons de campagne. C'était un poste important à occuper à cause des facilités que présente, pour la défense, une baie allongée que l'on y traverse sur un pont volant. Le général français rencontra en chemin le lieutenant général Martinho de Souza e Albuquerque, et le brigadier Francisco de Borja Garçao Stockler, envoyés par le conseil du gouvernement pour le complimenter. Arriva ensuite une députation de la ville et du commerce, qui s'était formée spontanément d'hommes de la classe moyenne, intéressés par leur position ou par leurs opinions à capter la bienveillance du pouvoir nouveau. Les uns et les autres annoncèrent le départ de la famille royale. Ils firent connaître l'effervescence du peuple; ils assurèrent que la flotte anglaise avait à bord des troupes de débarquement, et qu'elles semblaient manœuvrer pour forcer l'entrée de la barre. Le général en chef chargea les officiers généraux de rentrer à Lisbonne, et de signifier aux gouverneurs du royaume qu'ils lui répondaient de la tranquillité publique. Il recommanda aux autre députés de calmer les esprits de leurs concitoyens, et de leur dire que, pour la seconde fois, le Portugal allait devoir à la France son indépendance. Une proclamation [1] renfermant l'expression écrite des sentimens qu'il venait de manifester de vive voix, fut remise pour être sans délai traduite en portugais, imprimée dans les deux langues, répandue et affichée avec profusion.

ALORS même qu'il affectait le calme et la confiance, Junot était dévoré de soucis, sen-

---

[1] *Voyez* à la fin du volume (H).

tait parfaitement que dans l'état où se trouvait l'armée, il n'y avait pas de milieu pour elle entre le succès et une ruine complète. Il pleuvait à verse : le vent d'ouest, qui n'avait pas cessé de souffler depuis un mois, pouvait, en moins d'une heure, amener la flotte anglaise devant les quais de Lisbonne. Dix mille soldats et trente mille habitans en état de porter les armes s'étaient rapprochés, et se communiquaient leur douleur et leur exaltation. Cependant les colonnes de l'armée française marchaient lentement et presque à la débandade, séparées par des torrens et par des plaines inondées. La plus rapprochée avait fait halte à Santarem, parce que le général Delaborde qui la conduisait, voulait mettre ensemble du moins un tiers de ses troupes. La division qui venait ensuite était à deux marches en arrière. On n'avait de nouvelles ni du général Travot, ni de sa cavalerie, ni de l'artillerie. On ignorait si les corps d'armée espagnols destinés à envahir l'Alemtejo et l'Entre-Duero-et-Minho, avaient seulement commencé leur mouvement. Si le général en chef avait avec lui à Sacavem quinze cents hommes, c'était tout au plus; encore étaient-ils mal ordonnés et harassés de fatigue.

On agit sur les hommes dans un moment donné, on les étonne, on les subjugue plus souvent par la force morale, qui est vague et indéfinie de sa nature, que par la force matérielle, dont les effets probables sont soumis au calcul. Junot ne voulut pas donner aux Portugais le temps d'apprendre par des récits malveillans le désordre de sa marche et le petit nombre de ses soldats. Il entra dans la capitale du Portugal à la tête des cadres, ou plutôt des débris de ses quatre bataillons d'élite, le 30 novembre 1807, cent soixante-sept ans, jour pour jour, après celui où les Portugais renversèrent la tyrannie des Espagnols. Le général français courut à Belem, fit tirer le canon par les canonniers du prince régent sur quelques bâtimens de la flotte royale, qui, restés en arrière, cherchaient à rejoindre le convoi, les força à rentrer dans le port, mit garnison de son infanterie dans les batteries fermées des deux rives du Tage, et revint dans la ville suivi des officiers de son état major, n'ayant d'autre escorte que trente cavaliers portugais.

Les signes précurseurs de la tempête s'évanouirent subitement. L'ordre public ne souffrit aucune atteinte. On ne discontinua pas les travaux journaliers. Des piquets de la garde royale portugaise de police servirent de guides aux troupes françaises, et les conduisirent aux casernes disposées pour elles. Les voilà entrés ces guerriers formidables devant qui l'Europe se tait, et dont le prince régent n'a pas osé soutenir l'aspect. Une nation d'imagination vive s'était attendue à voir des héros d'une espèce supérieure, des colosses, des demi-dieux. Les Français n'étaient que des hommes. Dix-huit jours de marche forcée, la famine, les torrens, les vallons inondés, la pluie battante avaient débilité leurs corps et ruiné leurs vêtemens. Il leur restait à peine la force nécessaire pour marcher en cadence au son du tambour. Une longue file de soldats maigres, éclopés, et la plupart imberbes, suivait à pas lents les masses peu épaisses des bataillons. Les officiers, les chefs eux-mêmes étaient délabrés et comme défigurés par de longues et excessives fatigues. L'artillerie, qu'on appelle *la dernière raison des rois*, parce qu'elle est l'épouvantail des peuples, ne marchait pas même avec la colonne d'infanterie. Les troupes n'avaient, pour attaquer et pour se défendre, que des fusils rouillés et des cartouches imprégnées d'eau. Les Portugais étaient préparés à la terreur; ils n'éprouvèrent que le dépit d'avoir été abasourdis et mis sous le joug par une poignée d'étrangers. Cette dépréciation des forces françaises, dans laquelle chacun se complaisait, en raison directe de la peur qu'il avait ressentie, laissa dans l'esprit du peuple, un germe de révolte que les événemens ne tarderont pas à développer.

PIÈCES JUSTIFICATIVES

DU LIVRE PREMIER

DE LA GUERRE DE LA PÉNINSULE.

(A.) *Note remise au gouvernement portugais, par le premier secrétaire de légation, faisant fonctions de ministre plénipotentiaire de France.*

Le soussigné a reçu l'ordre de déclarer que si, au 1er. septembre prochain, S. A. R. le prince régent de Portugal n'a pas manifesté le dessein de se soustraire à l'influence anglaise, en déclarant, sans délai, la guerre à l'Angleterre, en renvoyant le ministre de S. M. britannique, en rappelant de Londres son propre ambassadeur, en arrêtant comme otages les Anglais établis en Portugal, en confisquant les marchandises anglaises, en fermant ses ports au commerce anglais, et enfin en réunissant ses escadres aux escadres des puissances continentales, S. A. R. le prince régent de Portugal sera considéré, comme ayant renoncé à la cause du continent, et dans ce cas le soussigné aura l'ordre de demander des passe-ports, et de se retirer en déclarant la guerre.

Le soussigné, en pesant les motifs de la détermination que la cour de Portugal doit prendre, dans la circonstance présente, se livre à l'espérance, qu'éclairée par de sages conseils, elle entrera franchement et complétement dans le système politique qui est le plus conforme à sa dignité ainsi qu'à ses intérêts, et qu'elle se décidera enfin à faire ouvertement cause commune avec tous les gouvernemens du continent contre les oppresseurs des mers, et l'ennemi de la navigation de tous les peuples.

Lisbonne, le 12 août 1807.

RAYNEVAL.

(B.) *Traité secret entre S. M. l'empereur des Français et S. M. catholique le roi d'Espagne.*

Napoléon, par la grâce de Dieu, etc., etc., etc., ayant lu et examiné le traité conclu et signé à Fontainebleau, le 27 octobre, par le général de division Michel Duroc, grand-maréchal de notre palais, etc., etc., en vertu des pleins-pouvoirs que nous lui avons donnés à cet effet, avec don Eugène Izquierdo de Ribera y Lezaun, conseiller d'état honoraire de S. M. le roi d'Espagne, muni également de pleins-pouvoirs de son souverain, lequel traité est conçu ainsi qu'il suit :

S. M. l'empereur des Français, roi d'Italie, etc., etc., et S. M. catholique le roi d'Espagne, désirant, de leur plein mouvement, régler les intérêts des deux états et déterminer la condition future du Portugal, d'une manière conforme à la politique des deux nations, ont nommé, pour leurs ministres plénipotentiaires, savoir : S. M. l'empereur des Français, le général de division Michel Duroc, grand-maréchal du palais, etc.; et S. M. catholique le roi d'Espagne, don Eugène Izquierdo de Ribera y Lezaun, son conseiller d'état honoraire, etc.; lesquels, après avoir échangé leurs pleins-pouvoirs, sont convenus de ce qui suit :

Article premier. Les provinces entre Minho et Duero, avec la ville d'Oporto, seront données, en toute propriété et souveraineté, à S. M. le roi d'Étrurie, sous le titre de roi de la Lusitanie septentrionale.

Art. II. Le royaume d'Alemtéjo et le royaume des Algarves seront donnés en toute propriété et souveraineté au prince de la Paix, pour en jouir sous le titre de prince des Algarves.

Art. III. Les provinces de Beira, Tras-los-Montes, et l'Estramadure portugaise, resteront en dépôt jusqu'à la paix générale, où il en sera disposé conformément aux circonstances, et de la manière qui sera alors déterminée par les hautes parties contractantes.

Art. IV. Le royaume de la Lusitanie septentrionale sera possédé par les descendans héréditaires de

S. M. le roi d'Étrurie, conformément aux lois de succession adoptées par la famille régnante de S. M. le roi d'Espagne.

Art. V. La principauté des Algarves sera héréditaire dans la descendance du prince de la Paix, conformément aux lois de succession adoptées par la famille régnante de S. M. le roi d'Espagne.

Art. VI. A défaut de descendant ou héritier légitime du roi de la Lusitanie septentrionale, ou du prince des Algarves, ces pays seront donnés par forme d'investiture, à S. M. le roi d'Espagne, à la condition qu'ils ne seront jamais réunis sur une tête, ni réunis à la couronne d'Espagne.

Art. VII. Le royaume de Lusitanie septentrionale et la principauté des Algarves reconnaissent aussi comme protecteur S. M. catholique le roi d'Espagne, et les souverains de ces pays ne pourront, dans aucun cas, faire la guerre ou la paix sans son consentement.

Art. VIII. Dans le cas où les provinces de Beira, Tras-los-Montes et l'Estramadure portugaise, tenues sous le sequestre, seraient à la paix générale rendues à la maison de Bragance en échange pour Gilbratar, la Trinité et d'autres colonies que les Anglais ont conquises sur les Espagnols et leurs alliés, le nouveau souverain de ces provinces serait tenu envers S. M. le roi d'Espagne, aux mêmes obligations qui liaient vis-à-vis d'elle le roi de la Lusitanie septentrionale et le prince des Algarves.

Art. IX. S. M. le roi d'Étrurie cède en toute propriété et souveraineté le royaume d'Étrurie à S. M. l'empereur des Français, roi d'Italie.

Art. X. Lorsque l'occupation définitive des provinces de Portugal aura été effectuée, les princes respectifs qui en seront mis en possession, nommeront conjointement des commissaires pour fixer les limites convenables.

Art. XI. S. M. l'empereur des Français, roi d'Italie, garantit à S. M. catholique le roi d'Espagne, la possession de ses États sur le continent de l'Europe au midi des Pyrénées.

Art. XII. S. M. l'empereur des Français, roi d'Italie, consent à reconnaître S. M. catholique le roi d'Espagne comme empereur des deux Amériques, à l'époque qui aura été déterminée par S. M. catholique pour prendre ce titre, laquelle aura lieu à la paix générale ou au plus tard dans trois ans.

Art. XIII. Il est entendu entre les deux hautes parties contractantes qu'elles se partageront également les îles, colonies et autres possessions maritimes du Portugal.

Art. XIV. Le présent traité sera tenu secret. Il sera ratifié, et les ratifications seront échangées à Madrid vingt jours au plus tard après la date de la signature.

Fait à Fontainebleau,
Duroc, E. Izquierdo.

Plus bas est écrit :

Nous avons approuvé et approuvons par ces présentes le traité qui précède, et tous et chacun des articles qui y sont contenus. Nous déclarons qu'il est accepté, ratifié et confirmé, et promettons qu'il sera inviolablement observé.

En foi de quoi nous avons signé de notre propre main les présentes, après y avoir fait apposer notre sceau impérial.

A Fontainebleau, le 29 octobre 1807.

NAPOLÉON.

Le ministre des relations extérieures,

CHAMPAGNY.

Le ministre secrétaire d'état,

H. B. MARET.

(C.) *Convention secrète conclue à Fontainebleau entre S. M. l'empereur des Français et S. M. C. le roi d'Espagne, par laquelle les deux hautes parties contractantes règlent ce qui a rapport à l'occupation du Portugal.*

Napoléon, par la grâce de Dieu, etc., etc., etc., ayant vu et examiné la convention conclue, arrêtée et signée à Fontainebleau le 27 octobre 1807, par le général de division Michel Duroc, etc., etc., d'une part, et de l'autre, par don Eugène Izquierdo, etc., laquelle convention est de la teneur suivante :

S. M. l'empereur des Français, roi d'Italie, etc., etc., etc., et S. M. catholique le roi d'Espagne, désirant régler les bases d'un arrangement relatif à l'occupation et à la conquête du Portugal, en conséquence des stipulations du traité signé cejourd'hui, ont nommé etc., etc., lesquels, après avoir échangé leurs pleins-pouvoirs, sont convenus des articles suivans :

Art. Ier. Un corps de vingt-cinq mille hommes d'infanterie et trois mille de cavalerie des troupes de S. M. I. entrera en Espagne pour se rendre directement à Lisbonne ; il sera joint par un corps de huit mille hommes d'infanterie espagnole et trois mille de cavalerie, avec trente pièces d'artillerie.

Art. II. En même temps une division de dix mille hommes de troupes espagnoles prendra possession de la province d'Entre-Minho et Douro et de la ville d'Oporto, et une autre division de six mille hommes de troupes espagnoles prendra possession de l'Alemtéjo et du royaume des Algarves.

Art. III. Les troupes françaises seront nourries et entretenues par l'Espagne, et leur solde sera fournie par la France pendant le temps de leur marche à travers l'Espagne.

Art. IV. Dès l'instant où les troupes combinées auront effectué leur entrée en Portugal, le gouvernement et l'administration des provinces de Beira, Traslos-Montes et de l'Estramadure portugaise (qui doivent rester en état de sequestre) seront mis à la disposition du général commandant les troupes françaises, et les contributions qui en proviendront, seront levées au profit de la France. Les provinces qui doivent former le royaume de la Lusitanie septentrionale et la principauté des Algarves seront administrées et gouvernées par les divisions espagnoles qui en prendront possession, et les contributions y seront levées au profit de l'Espagne.

Art. V. Le corps central sera sous les ordres du commandant des troupes françaises, auquel pareillement les troupes espagnoles attachées à cette armée seront tenues d'obéir. Néanmoins, dans le cas où le roi d'Espagne ou bien le prince de la Paix jugeraient convenable de joindre ce corps, les troupes françaises ainsi que le général qui les commandera, seront soumises à leurs ordres.

Art. VI. Un autre corps de quarante mille hommes de troupes françaises, sera réuni à Bayonne le 20 novembre prochain au plus tard, pour être prêt à entrer en Espagne, à l'effet de se rendre en Portugal, dans le cas où les Anglais y enverraient des renforts ou le menaceraient d'une attaque. Néanmoins, ce nouveau corps n'entrera en Espagne que lorsque les deux hautes parties contractantes auront été mutuellement d'accord sur ce point.

JUSTIFICATIVES. 413

Art. VII. La présente convention sera ratifiée, et les ratifications seront échangées en même temps que celles du traité de ce jour.

Fait à Fontainebleau le 27 octobre 1807.

Duroc, Izquierdo.

Nous avons approuvé et approuvons par ces présentes, etc., etc., comme dessus.

Napoléon,

Champagny, H. B. Maret.

(D.) *Proclamation du général Junot.*

Le gouverneur de Paris, premier aide-de-camp de S. M. l'empereur et roi, grand'croix de l'ordre du Christ de Portugal, général en chef.

Portugais,

L'empereur Napoléon m'envoie dans votre pays à la tête d'une armée, pour faire cause commune avec votre bien-aimé souverain contre les tyrans des mers, et pour sauver votre belle capitale du sort de Copenhague.

Habitans pacifiques de la campagne, ne craignez rien; mon armée est aussi disciplinée qu'elle est brave: je réponds sur mon honneur de sa bonne conduite.

Qu'elle trouve parmi vous l'accueil dû aux soldats du Grand Napoléon, qu'elle trouve les vivres dont elle a besoin, mais surtout que l'habitant des campagnes reste tranquille dans sa maison.

Je vous fais connaître les mesures prises pour conserver la tranquillité publique. Je tiendrai ma parole.

Tout soldat qui sera trouvé pillant, sera puni sur-le-champ avec la plus grande sévérité.

Tout individu qui se permettra de lever une contribution, sera traduit à un conseil de guerre, pour être jugé suivant la rigueur des lois.

Tout habitant du royaume de Portugal, qui, n'étant pas soldat de troupes de ligne, sera trouvé faisant partie de quelque rassemblement armé, sera fusillé.

Tout individu convaincu d'être chef d'un attroupement ou d'une conspiration tendante à armer les citoyens contre l'armée française, sera fusillé.

Toute ville ou village dans le territoire duquel un assassinat aura été commis contre un individu appartenant à l'armée française, paiera une contribution qui ne pourra pas être moindre que le triple de sa contribution annuelle ordinaire. Les quatre principaux habitans serviront d'otages pour le paiement de la somme ; et, pour que la justice soit exemplaire, la première ville ou le premier village où un Français aura été assassiné, sera brûlé et rasé entièrement.

Mais je veux me persuader que les Portugais connaîtront leurs vrais intérêts, que secondant les vues pacifiques de leur prince, ils nous recevront en amis, et que particulièrement la ville de Lisbonne me verra avec plaisir entrer dans ses murs, à la tête d'une armée qui peut seule la préserver de devenir la proie des éternels ennemis du continent.

Au quartier général d'Alcantara, le 17 novembre 1808.

JUNOT.

(E.) *Édit du prince régent de Portugal.*

Ayant toujours eu le plus grand soin de conserver à mes états, pendant la présente guerre, la plus parfaite neutralité, à cause des avantages notables qui en résulteraient pour les sujets de cette couronne; ne pouvant cependant la conserver plus long-temps, et considérant en outre combien la pacification générale convient à l'humanité, j'ai dû, pour le bien, accéder à la cause du continent, en m'unissant à S. M. l'empereur des Français et roi d'Italie, et à S. M. C., afin de contribuer autant qu'il sera en mon pouvoir, à l'accélération de la paix générale.

A cette fin, il m'a plu ordonner que les ports de ce royaume seront, dès ce moment, fermés à l'entrée des navires de la Grande-Bretagne, tant de guerre que de commerce.

Donné au palais de Mafra, le 20 octobre 1807.

LE PRINCE.

(F.) *Déclaration officielle sur la mise en état de blocus de l'embouchure du Tage.*

Je fais savoir par la présente, à qui il appartiendra, qu'étant notoire que les ports de Portugal sont fermés au pavillon de la Grande-Bretagne, et que le ministre plénipotentiaire de S. M. britannique, près la cour de Lisbonne, a quitté cette capitale, conformément aux instructions remises par le soussigné vice-amiral du pavillon bleu, commandant en chef, l'embouchure du Tage est déclarée en état de blocus rigoureux. J'informe par la présente le gouvernement portugais, que les ordres sont donnés pour que cette mesure soit strictement exécutée tant que dureront les sujets de mésintelligence actuelle. Les consuls des États neutres aviseront leur gouvernement, en temps opportun, que le fleuve est en état de blocus ; qu'il serait pris contre les bâtimens qui essaieraient d'y entrer, toutes les mesures d'exécution autorisées par les lois des nations et par les traités respectifs entre S. M. britannique et les puissances neutres.

Donné à bord du vaisseau l'Hibernia, à la hauteur du Tage, le 22 novembre 1807.

W. Sidney Smith.

(G.) *Décret du prince régent de Portugal, par lequel il déclare son intention de transporter sa cour au Brésil, et institue un conseil pour gouverner pendant son absence.*

Après avoir inutilement fait tous mes efforts pour conserver la neutralité à l'avantage de mes vassaux fidèles et chéris ; après avoir fait, pour obtenir ce but, le sacrifice de tous mes trésors, m'être même porté, au grand préjudice de mes sujets, à fermer mes ports à mon ancien et loyal allié le roi de la Grande-Bretagne, je vois s'avancer vers l'intérieur de mes états les troupes de S. M. l'empereur des Français, dont le territoire ne m'étant pas contigu, je croyais être à l'abri de toute attaque de sa part. Ces troupes se dirigent sur ma capitale. Considérant l'inutilité d'une défense, et voulant éviter une effusion de sang sans probabilité d'aucun résultat utile, et présumant que mes fidèles vassaux souffriront moins dans ces circonstances si je m'absente de ce royaume, je me suis déterminé, pour leur avantage, à passer avec la reine et toute ma famille dans mes états d'Amérique, et à m'établir dans la ville de Rio-de-Janeiro, jusqu'à la paix générale. Considérant qu'il est de mon devoir comme de l'intérêt de mes sujets, de laisser à ce pays un gouvernement qui veille à leur bien-être, j'ai nommé pour gouverneurs du royaume, tant que durera mon absence, mon bien-aimé cousin le marquis d'Abrantès, le lieutenant général de mes armées François da Cunha de Menezes, le principal Castro de mon conseil, qui sera chef de la justice, Pedro de Mello Brayner de mon conseil, qui sera président du trésor royal, D. Francisco de Noronha, lieutenant général de mes armées, qui sera président du tribunal des ordres et de la conscience. Dans le cas où l'un des sus-nommés viendrait à manquer, il sera remplacé par le grand-veneur du royaume, que j'ai nommé gouverneur du sénat de Lisbonne. Le conseil sera assisté par le comte de Sampaio et par le procureur de la couronne Jean-Antoine Salter de Mendonça, que je nomme secrétaires. L'un des deux secrétaires venant à manquer, sera remplacé par D. Miguel Pereira Forjaz. D'après la confiance que j'ai en eux tous, et la longue expérience qu'ils ont des affaires, je tiens pour certain qu'ils rempliront leur devoir avec exactitude, qu'ils administreront la justice avec impartialité, qu'ils distribueront les récompenses et les châtimens suivant les mérites de chacun, et que mes peuples seront gouvernés d'une manière qui décharge ma conscience.

Les gouverneurs le tiendront pour dit. Ils se conformeront au présent décret, ainsi qu'aux instructions qui y seront jointes; et ils feront les participations nécessaires aux autorités compétentes.

Donné au palais de Notre-Dame d'Ajuda le 26 novembre 1807.

Le Prince.

Instructions auxquelles se rapporte le décret royal du 26 novembre 1807.

Les gouverneurs du royaume, nommés par mon décret de ce jour, prêteront le serment d'usage entre les mains du cardinal patriarche.

Ils maintiendront la rigoureuse observance des lois du royaume.

Ils garderont aux nationaux tous les priviléges qui leur ont été accordés par moi et mes ancêtres.

Ils décideront à la pluralité des voix, les questions qui leur seront soumises par les tribunaux respectifs.

Ils pourvoiront aux emplois d'administration et de finance et aux offices de justice, dans la forme pratiquée par moi jusqu'à ce jour.

Ils défendront les personnes et les biens de mes fidèles sujets.

Ils feront choix, pour les emplois militaires, de personnes dont ils connaîtront les bons services.

Ils auront soin de conserver, autant que possible, la paix dans le pays; que les troupes de l'empereur des Français aient de bons logemens; qu'elles soient pourvues de tout ce qui leur sera nécessaire pendant leur séjour dans ce royaume; qu'il ne leur soit fait aucune insulte, et ce, sous les peines les plus rigoureuses, conservant toujours la bonne harmonie qui doit exister entre nous et les armées de nations, avec lesquelles nous nous trouvons unis sur le continent.

En cas de vacance par mort ou autrement d'une des charges de gouverneurs du royaume, il sera pourvu au remplacement à la pluralité des voix. Je me confie en leurs sentimens d'honneur et de vertu. J'espère que mes peuples ne souffriront pas de mon absence; et que, revenant bientôt parmi eux avec la permission de Dieu, je les trouverai contens, satisfaits et animés du même esprit qui les rend si dignes de mes soins paternels.

Donné au palais de Notre-Dame d'Ajuda, le 26 novembre 1807.

Le Prince.

(H.) *Proclamation du général Junot.*

Le gouverneur de Paris, premier aide-de-camp de S. M. l'empereur et roi, grand-croix de l'ordre du Christ de Portugal, général en chef.

Habitans de Lisbonne,

Mon armée va entrer dans vos murs. Elle y venait pour sauver votre port et votre prince de l'influence de l'Angleterre.

Mais ce prince, si respectable par ses vertus, s'est laissé entraîner aux conseils de quelques méchans qui l'entouraient, et il est allé se jeter dans les bras de ses ennemis.

On l'a fait trembler pour sa propre personne; ses

sujets n'ont été comptés pour rien, et vos intérêts ont été sacrifiés à la lâcheté de quelques courtisans!

Habitans de Lisbonne; soyez tranquilles dans vos maisons; ne craignez ni mon armée, ni moi; nous ne sommes à craindre que pour nos ennemis et pour les méchans.

Le Grand Napoléon, mon maître, m'envoie pour vous protéger; je vous protégerai.

Au quartier général, à Saccavem, le 29 novembre 1807.

JUNOT.

FIN DU DEUXIÈME VOLUME.

ERRATA DU DEUXIÈME VOLUME.

LIVRE TROISIÈME. — PORTUGAL.

Page	6, ligne 12,	l'Arragon,	*lisez :*	l'Aragon.
—	20, — 4,	l'Alemetejo,	——	l'Alemtejo.
—	» — 12,	d'Atalayas,	——	d'Atalaya.
—	24, — 11,	la Beyra,	——	la Beira.
—	31, — 16,			
—	» — 19,	secretario,	——	secretaria.
—	» — 21,			
—	» — 22,			
—	» — 20,	marinas,	——	marinos.
—	35, — 14,	l'Alente,	——	l'Alemtejo.
—	37, — 1,	de Menezez,	——	de Menezes.
—	40, — 3,	poras,	——	povos.
—	» — 5,	contas,	——	coutos.
—	» — 8,	*laïques,*	——	laïques.
—	» — 8,	concelhos,	——	*concilhos*.
—	41, — 3,	a os,	——	aos.
—	» — 20,	fid algas da,	——	fidalgos do.
—	53, — 18,	mayestad,	——	Magestade.
—	58, — 21,	à oger,	—	à loger.
—	79, — 18,	pese,	——	pés.
—	88, — 2,	Alentejo,	——	Alemtejo.
—	91, — 21,	Gallice,	——	Galice.
—	99, — 4,	Alegrette,	——	Alegrete.
—	108, — 10,	l'Alentejo	——	l'Alemtejo.

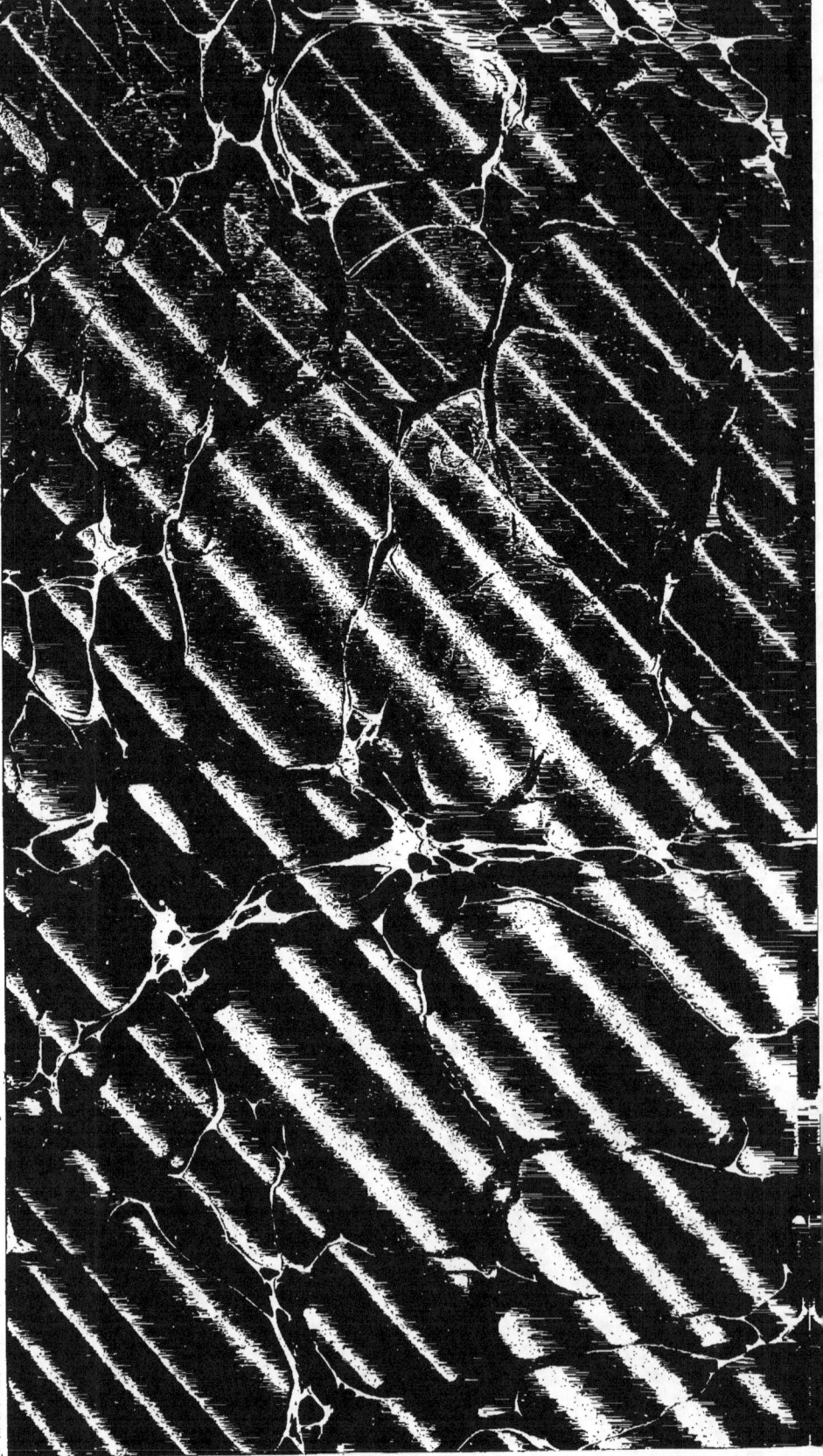

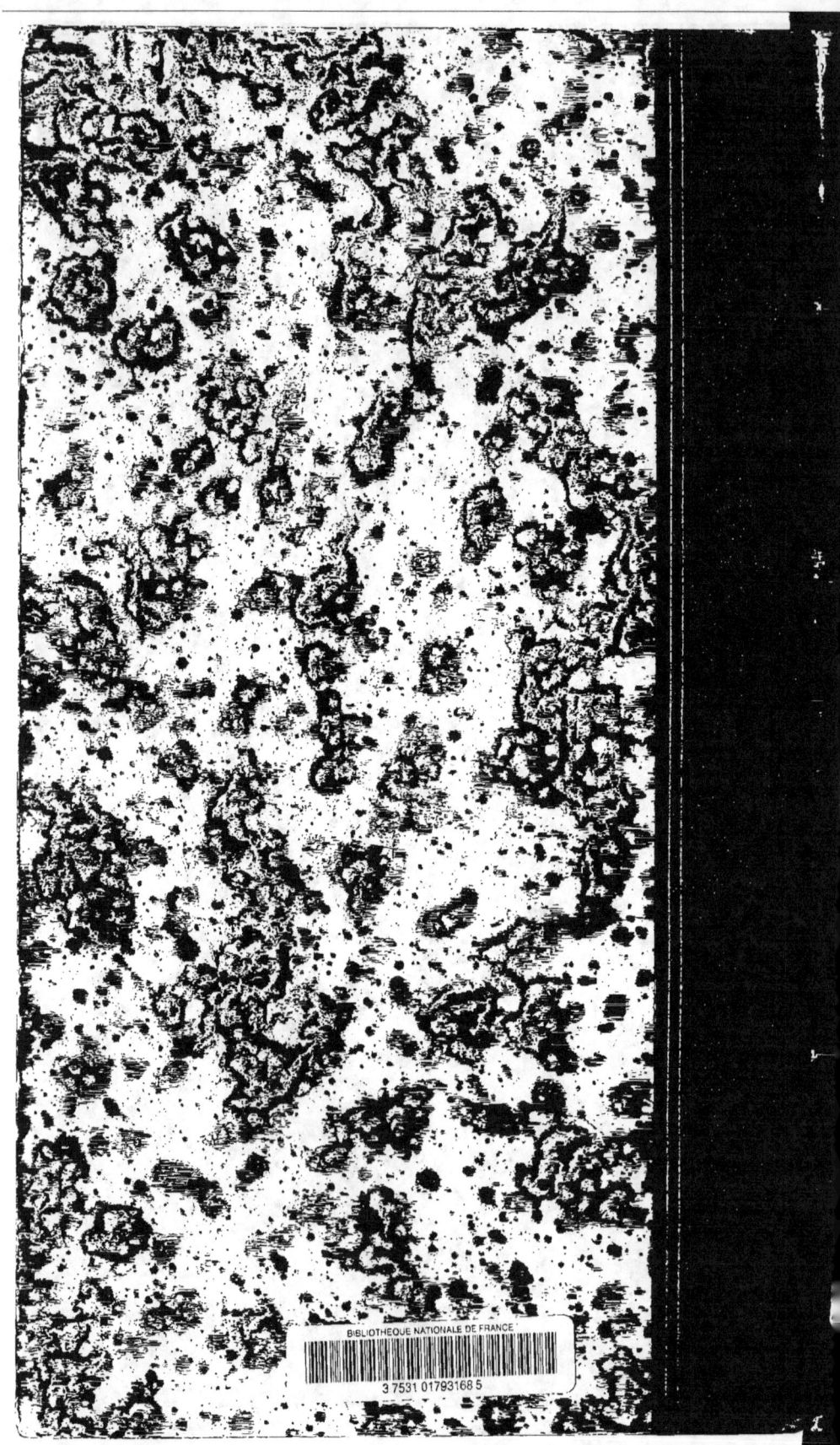

www.ingramcontent.com/pod-product-compliance
Lightning Source LLC
Chambersburg PA
CBHW070613230426
43670CB00010B/1510